たすかる道
たすけの道

篠田欣吾の人生相談

道友社

第一部

たすかる道

第二部

たすけの道

本書の内容は、平成４年から28年にかけて、『天理時報』の「人生相談」欄に掲載されたなかから選んだものです。本文末尾の日付は掲載号を表します。

第一部

たすかる道

「暗い」と言われ友人ができない

私は小さいころ、ずっと「いじめ」に遭《あ》っていて、いまでもそのことが頭から離れません。普段の生活でも人間関係がぎくしゃくして、いつも孤立してしまいます。この二十七年間、友達もできず、いつも一人でいました。私なりに努力して、皆の輪の中に入ろうと話し掛けたりするのですが、「暗い人は嫌い」と言われて相手にされません。結局、人間関係がうまくいかないため仕事も長続きせず、職を転々としました。どうしたら人間関係がうまくいくのでしょうか。どうしたら友達ができるのでしょうか。教えてください。

（27歳・主婦）

答

人は生まれながらに、持ち備えている性分があります。また、育っていく道中の環境も、性格を形成していくうえで大いに影響があると思います。変えようと努力をしても、なかなか変えられるものではありません。

でも、ちょっと考えてみてください。もし世の中の人がすべて、あなたの希望するような、明るくておしゃべり上手の人ばっかりだったらどうでしょう。そんな性格の人ばかりだったら、かえって味気ない生活になってしまわないでしょうか。自分と異なったいろいろな人々と交わりながら、何かを掴《つか》み、教えられるものがあるからこそ、人生も楽しく、有意義になっているのでしょう。

だから、いろいろな道具があるのと同じように、社会生活を形成していくためにも、いろいろな性格の人がなくてはならないのです。大切なことは、陽気ぐらしの世の中へ向かうために、それぞれの人々が、親神様から与えられた自分という性格を光らせることです。

暗いように思える人でも、まじめに人生を生きる人は、それなりに素晴らしい光を放っているものです。それに引かれて、それを求めて人が寄ってきて友達になっていくのです。友達になるということは、お互いにないものを求め合っていくことかもしれません。

それなのにあなたは、自分の持ち味を見つけようとせずに、人のまねばかりしようとしていませんか。自分を好きになれない人を、どうして他人が好きになってくれますか。人に気に入られようと、そのことばかりに心を使っていると、かえって人は、うっとうしくさえ思うときもあります。

だからいま、あなたのするべきことは、友人をつくろうとこだわって努力するよりも、その努力を、自分を掘り下げて人間としての素晴らしさをつくるほうへと向けてみることです。神様も「深い心」とおっしゃっています。人が持っていないあなた独自のもの、たとえば親切心であるとか、まじめさだとか、優しさを、自分の中で大きく大きく育てていくのです。

まず、一番身近な夫に「おまえはいい女だな」と言われるようになったら、あなたの中の魂が光ってきている時です。そうしたら、自然と人も寄って、友人もできてきます。

そのためには、自分の力だけでは光らせられない面もありますから、教会へ足を運び、一日一回はおつとめをしてごらんなさい。教会のお掃除をさせていただきながら理を振ったら、必ず自分が見えてきます。

（平成10年10月18日号）

二度目の転職を考えているが…

昨年から社会人として働き始めたのですが、仕事は思ったより重労働で、半年も経《た》たずに辞めてしまいました。次に働き始めたところは、最初は皆さん親切でしたが、次第に素っ気なくなりました。なんとか認めてもらおうと頑張ってみても、失敗ばかり。職場には気軽に話せる人もなく、再び転職を考えていますが、このままではいけないとも思っています。

（24歳・男性）

学校を卒業して就職したばかりの人からよく、あなたと同じような悩みを聞くことがあります。自分の持ち味を生かしてくれる仕事を、初めから与えられることはあまりないようです。

答

あなたが社長ならどうですか。まだどういう部署に向いているか分からない人に、いきなり重要な仕事を任せられますか？　現場の雑用をやらせてみて、そのなかから仕事全般を摑《つか》む努力をしている者に、この人間ならばと大切な用を任せる場合が多いのではないでしょうか。

いつも言うことなのですが、暗い、堅いところへ力を入れるという〝根〟を張るだけ張ったなら、人の持ち味という〝種〟通りの芽が出るのが天理なのですが、これがあなたに欠けているのです。

神が信用するからほかの人に映って、引き上げてくれるようになります。そのためには形の努力も大切ですが、信仰的にも心を磨く努力が他人を動かす元になることを忘れてはいけません。

人は必ず、心で積んだ徳分通りの与えを頂いて生きていきます。いろいろな経験から、これだけは間違いないと確信しています。

自分が得になること以外に力を入れる。人を勇ませ、喜ばせ、そして楽しませる。こんな日々を通れる心を、信仰を通して培ったなら、いつの日か思い通りの仕事、やりがいのある仕事に就いているあなたを見いだせるに違いありません。

もう一つ、就職したてのときは、なんとか良い仕事をしたい一心で、心が焦るあまり余計なことまでしてしまうことがありませんか。

仕事というのは、個人ですることとは別ですが、大勢の人たちと調和を図りながらやっていかねばならないのです。人の和が大切になってくるのです。
そのためには、自分を抑えなければならないこともあるでしょう。仕事中も休憩中でさえも、気づかぬうちに自分を出しすぎると、和の中からはみ出してしまうこともあるということをお忘れなく。

（平成20年3月2日号）

〝スマホ〟ばかりで家族の会話がない

孫三人を含む六人家族で暮らしています。最近、高校生の孫だけでなく、長男夫婦もスマートフォンやパソコンに熱中しています。少しずつわが家に会話がなくなってきているようです。それらの機器の便利さは分かっているものの、こうした状況が続くと、いつか家庭が崩壊してしまうのではないかと不安です。

(70代・男性)

答

戦後間もないころに育ったご相談者のあなたや、私たちの年代の者にとって、現代社会は、まさに夢のような世界に映ります。

ここ数年の急激な社会の変貌《へんぼう》ぶりには、目を見張るものがあります。ほんの数十年前には、街頭の大きなテレビを、アリのように群がって見たものです。それがいまは、一家に数台あるのが当たり前。さらに、一家に一台だった電話を小・中学生も持つようになり、その傾向は強まるばかりです。

〝無〟の時代を生きてきた私たちにとっては「驚異」に映ることでも、生まれながらに、半ば時の流れに流されるように〝有〟の時代を生きてきた若者たちにとっては、すべてがごく自然な成り行きなのでしょう。

「心一つが我《わ》がの理」と教えられるように、唯一自分のものであるのが心です。

しかし、その心が物質的な豊かさに惑わされてしまい、本来の〝豊かさ〟の元である心の自由が、現代社会では見失われているように思えます。

私ごとになりますが、私はパソコンを使えないので、原稿を執筆する際は手書きです。

原稿用紙に向き合い、書きたい内容への思いが〝頂点〟に達したとき、一気に筆を走らせる。そのなかで、忘れかけていた漢字との出合いがあったり、他の意味を探るうちに思いもしなかった言葉を見つけたりと、書くことそのものの楽しみを味わうのです。

いつも走り書きではありますが、物を記すという動作のなかで、心の豊かさや安らぎを感じます。そして、その喜びを文に託すことができたとき、私の喜びは、自分だけのものではなくなり、行間を通して読者へと伝わっていくのだと思います。

現代社会に生きる若い人たちに、忘れてほしくないことは一つだけです。それは、人が機械を操るのであって、その逆ではないということ。人が心の自由を失ってしまった社会は、とても恐ろしいと私は考えます。

しかし同時に、私はいまの若い人たちは、それほど愚かではないと信じています。彼らも年を重ねるうちに、いつか「心の豊かさに勝る豊かさはない」と気づく日が来るでしょう。

それまで、信仰信念に立脚した〝人生の羅針盤〟を私たちが示していく必要がある。

私が、あなたが、そして皆が――です。

（平成25年8月4日号）

内向的な性格の娘たちが心配

娘たちは内向的な性格のせいか、友人が少なく、彼氏もできません。また、人に対して遠慮するせいか、知人に裏切られることもよくあり、親として心配です。内向的な娘たちが一歩を踏み出せるよう、アドバイスをお願いします。

（50代・女性）

答

このままでは結婚できないだろうとか、できても式に友人が来ない、幸せになれるだろうかなどなど、お手紙を読んだ僕の率直な感想は、なぜそんなに先案じばかりするのだろう、ということです。

親ならば誰《だれ》もが子の幸せを願って当然ですが、先案じとは、将来そうなってしまうという知らせと思ってください。

逆に、派手で男友達も多く、遊んでばかりの娘さんでも「このままでは……」と案じてしまうでしょう。

先案じをしないでおこうと思っても、心に湧《わ》き上がってきてしまう。では、どうしたらよいのか。

これはもう神様の領分です。娘さんを心配する心を神様のほうへ向けるのです。力の入れどころを逆にしてごらんなさい。神様もそれを望んでおられるに違いありませんから。

縁談とは〝つなぎ〟の働きを頂くことですから、教会へ足を運び、娘たちのために陰のお供えを続けていく。すると必ず、あなたの心から先案じが消え、不安が無くなっていくことでしょう。そして、その心通りの展開が待っているはずです。

子供はいつの間にか親の通った道を歩んでいることが多いものです。お手紙を拝見したところ、あなたも娘時代は全く同じだったようですね。友達が少なかったあなたは、「いまでは友人も多く、幸せを感じる」と記されています。娘さんを信じましょう。

それより、あなたも親に同じような心配をかけたのだなと、心でお詫《わ》びすることです。そして、親のあなたが「娘たちは必ず素晴らしい将来を歩めるようになる」と想像していくことです。

陽気ぐらしの家庭を築いて、神様の思いに沿う生活ができるようになるという夢を描いてください。

人間の夢は欲望があるので、実現しにくいものです。夢という字に「にんべん」をつけた漢字は〝儚〟です。すべて儚《はかな》く終わってしまいます。人間思案（にんべん）を取ったら、夢は可能になるのです。


（平成20年6月22日号）

働く気のない息子、どうすれば…

十九歳の息子は昨年高校を卒業し、いまは家でブラブラしています。高校二年のころは毎朝、新聞配達をしながら、大学への進学を希望していました。ところが、父親の会社の都合で引っ越してから、電車で学校へ通うのが嫌になり、欠席が増えました。とりあえず高校は卒業して、いまは職業安定所に行っていますが、少しも働く気配はありません。私は情けなくなり、叱《しか》ったり励ましたりの毎日です。私がパートに出ようかとも考えています。今後どのように通っていけばよいのでしょうか。

（主婦）

答

父親の仕事の都合で余儀なくされた遠距離通学を苦に、息子さんが家でブラブラするようになってしまったと思われているでしょうが、この大きな事情のなかにも親神様の深い思いと意図があるはずです。そのことを酌《く》もうとせずに、いたずらに親が心焦ってばかりいては、事態は進展しないと思います。

私たちはいまの急激な社会の変化によって、生活、家、ファッション、物など形の面ばかりにとらわれて生活していますが、肝心なことを疎《おろそ》かにしてしまっているきらいがあるように思います。

子育て、そして夫婦の問題です。子供とはいっても、夫婦の〝もの〟ではないのです。親神様からいんねんの組み合わせが同じということでお預かりしている、いわば夫婦の容《い》れ物にちょうどいい〝預かり人〟なのです。親神様から頂いている素晴らしい魂を持っている、親と同格の人間なのです。

故に、子供を素晴らしく育て上げる苦労は大変なことなのだと思います。子育ては、形のうえは親がしていくのですが、親神様に働いていただき育てていくべきだと私は思っています。

夫婦の間にいる子供ですから、この相談のような事態のときほど、天である夫と地である妻が、その別々の働きを本当に補い合っているかどうか、いま一度確認してください。夫が仕事ひと筋で家庭を顧みず、豊かであるはずの大地のあなたが豊かさを失って、オロオロしているようではいけません。

また、叱咤《しった》激励も結構ですが、なんとかせねばならんというのは本人が一番分かっているので、周りからとやかく言われると余計にうっとうしくなるばかりです。

勇ませるためには、抱えていくのです。よく「地に足が着いていない」というでしょう。私の子だもの、必ず立ち直り素晴らしい人生を送ってくれる、との思いで、まず息子さんが足を着く大地である、あなたが豊かになることです。親の思いを子供に伝えるのに、親の立場だけで話しても通じません。親神様に仕込んでいただくのです。だから、あなたは子供に理（＝親神様の働き）が伝わるようにするべきで、そのためには〝理の仕入れ〟をするのです。仕入れもせずに育てようとすると、親神様は働けません。

その仕入れの元は、教会へしっかりつなぐことです。苦しいでしょうが、子供を思う分、教会の御用、理の御用をつとめてみたら、必ず結果が出ます。

（平成10年11月29日号）

専業主婦の妻の怠慢さが目に余る

妻は、専業主婦であるのに、食事の支度は手を抜くし、掃除も洗濯もろくにこなしません。結婚当初は「家事は妻の自分がする」と言っていたのに、次第にずさんに。五歳になる息子にとっても、母親がこんな様子では教育上よくないのではないかと案じています。毎日、有り余る時間をぐうたらに過ごせる妻の神経が分かりません。毎日仕事に追われる自分が家事を肩代わりするのは時間的に無理ですし、どうにか妻に〝まともな主婦〟になってもらいたいのですが。

（42歳・会社員）

答

たぶん、あなたの奥さまは、いまの自分の状態をおかしいとは思っていないのでしょう。結婚する前の娘時代のまま、今日に至っているのではないでしょうか。

決して奥さまの実家を責めるわけではありませんが、そういう家庭環境の中で育てば、そんな生活が何ら変なことと感じることなく、当たり前のこととして通っていけるという場合も多くあるものです。

お手紙によりますと、離婚をする気はないとのこと。それならば、ありのままを受け入れて上手に付き合っていくしかないでしょう。

第一に、あなたが奥さまに対して、できていないと思う面ばかりを見ずに、喜べることを見いだしていくことです。いろいろな角度から見詰め直したなら、素晴らしい面が必ずあるはずです。

私は人の生活と比較することは好みませんが、世の中にはさまざまな家庭がありますす。妻が、主婦業ができぬくらい病弱で、夫に助けられながら生活している家庭。お金の使い方がずさんな妻。神経質で愚痴《ぐち》ばかりの妻――。もちろん、逆に夫に対する不満がある家庭も多いでしょう。

でも、皆それぞれ頑張っているのです。知ってか知らずか、この世でちょうどよく組み合わされているのが夫婦という縁です。

なかには、ただあきらめて暮らす方々もおられるかもしれませんが、それではあまりにもったいない人生です。

病弱だけれど、優しさがある。金遣いが荒いけれど、おおらかな性格だ。神経質だけれど、小ぎれいで暮らしに品がある――。夫婦は、互いに良さと悪さを交差させながら、足りないところを補い合っているものなのです。

お手紙から想像する限りですが、あなたの奥さまも、多少生活がだらしなくとも、気を使うことなしに肩の凝《こ》らない性格、健康であっけらかんとしたところなどの良さがおありなのでは。

あなたが心から彼女の素晴らしさを探り出して、それを喜べるようになったとき、彼女が変わると思います。

妻への不足を重ね、ただ相手に求めることより、良さを引き出せないあなた自身について思案してみてください。

（平成17年7月10日号）

育児に不安、思わず手を上げそうに…

小学三年生の息子と四歳になる娘がいます。最近、育児と家事に追われているせいか、やんちゃ盛りの長男には、特に厳しく当たってしまいます。「しっかり育てなければ」と思えば思うほど、子育てにプレッシャーを感じてしまうのです。思わず手を上げそうになることもあり、しつけるつもりが、良からぬ方向へ進んでしまわないかと不安です。

（30代・女性）

第三者から見ると、「子供らしくていいじゃないか」と思うようなことでも、当事者である母親にとっては、そう思えない。さまざまな事柄に思いを巡らせるあまり、心を振り回されてしまうケースも多いようです。

答

お手紙によると、ご主人は子供たちを、できる限り自由に伸び伸び育てたいと考えているとのこと。僕もやはり、あなたのご主人と同じ考えで、子供のときは伸び伸びとした環境のもと、その年ごろにしか味わえない体験をさせたほうがいいと思います。

これまで、いろいろな子供たちを見てきましたが、そうした経験ができなかった子供たちは、大人になってから、どこか社会に溶け込みにくい傾向があるように感じます。

夫婦もその子供も、縁あって家族になったのです。心はそれぞれに異なるものだとお教えいただきます。時には「どうして、こんなこともできないの？」と思うかもしれませんが、成長するにつれて「よくぞ、こんな素晴らしい子に育ってくれた」と、喜ぶことのほうが増えていくでしょう。

決して、心配することはありません。母親は「大地」の役割を持っているのです。

たとえば、田んぼという大地にはさまざまな苗が植えられます。

一本一本の〝持ち味〟は異なります。その持ち味を最大限に生かして育てることが大切なのに、苗がしっかり育つ前に不必要に触ったり、どの苗も全く同じになるように、画一的な考え方で育ててしまったりしては、せっかくの苗もうまく育たないでしょう。

苗を植えた後、農家の人が主にすることは、植えた覚えのない雑草の草むしりです。苗が成長するまで、何度も繰り返すと聞きます。私はそれが、積んだ覚えのない「八つのほこり」を払い続けることと似ているように思うのです。夫婦が共に「心のほこり」を払いつつ、大地であるあなたが栄養いっぱいの豊かな「田んぼ」になれば、子供たちが色づく「稲穂」へと自然に育っていくのは間違いありません。

そのために忘れてならないことは、大地にいろいろな栄養（喜び）を与えて、異なる面から子育てを応援する人も必要だということです。それが天、すなわち夫の役目であることを付け加えておきましょう。

（平成25年6月30日号）

けんかの絶えない家族、穏やかに暮らしたい

同居している娘夫婦や、その子供たちが事あるごとに、けんかをします。私は長年、高血圧と心臓の持病があり、家の中で怒鳴り声が聞こえるたびに心臓が痛み、とてもつらい気持ちになります。主な原因は娘の夫の浮気やお金の使い方のようです。私も生来気性が激しく、つい口を出してしまうこともあります。家族仲良く、穏やかな暮らしを望んでいます。どうすればよいでしょうか。

（80歳・ようぼく）

答

婿養子さんの行状が原因で、家の中に争いが絶えないようですが、互いに自分が正しいと譲らないのが、けんかの意味するところです。また「けんか両成敗」というように、どちらにも言い分があるものです。

ただ、養子ということを少し考えてみると、男性が立たない家を支えに来てくださったのが養子さんの大きな意味のあるところでしょうから、あなたも娘さんも、その初心を忘れてはいけません。

また、けんか別れしたのではなく、けんかの真っ最中なのですから、むしろありがたいことでは。たぶん、お互いに別れたくないので、言い合うなかで、なんとか治めたいと思ってのけんかではないでしょうか。

人間に体温があるように、男女の仲にも〝温度〟があると聞いたことがあります。人は病気になったときなどに、体温が平熱より上がります。体温が極端に下がることはあまりなくて、あるとすればそれは死を意味します。

夫婦の仲も、平熱ならば穏やかです。しかし、口もききたくないほどに冷たくなりすぎると、もう夫婦仲の〝死〟、破滅です。それよりも、けんかをして温度が上がることは、少々〝病気〟の状態かもしれませんが、破滅に比べればありがたいことです。手当ての仕方次第で、平熱に戻るでしょう。そして、その手当てがあなたの信仰心です。

どんななかにも喜びの種がある。この一点を忘れてしまってはいけません。また、喜べる心になれるよう、教会への日参などを通して、心を磨き魂を光らせることです。

私ごとですが、私の母は、ならぬなかを三度もたすけていただきました。その母の口癖が「ありがたいね」です。最近になって、なぜ元気に置いていただいているか、私にもようやく分かるようになりました。
人は、〝出すもの〟が大切なのです。〝出す〟ということは、それがたくさんあるから出るということ。「ありがたい」といつも口に〝出す〟人には、ありがたい事がたくさん起きてきて当然です。不平不満や愚痴《ぐち》を出していたら、そんな事がたくさんある家庭になりかねません。このところを思案してくださいますように。

（平成13年5月6日号）

役を持たされたが性格に合わない

私は昔から内向的で、何をするにしても、一人でまじめにコツコツすることが性に合っています。ところが、職場で十人ほどのグループの主任に命じられ、所属教会では青年会の役を持つことになりました。しかし、周りとの意思疎通すらできず、性格的に向かない役回りに、まるで水の底でもがいているような気分です。自分が駄目な人間に思え、何もかも投げ出したくなることもあります。何かよいアドバイスを下さい。

（33歳・会社員）

答

人は〝十人十色〟というように、姿形も異なれば、持ち前の性格もそれぞれ違っていて当然です。

あなたのように、まじめでコツコツする性格の人だからこそ、ほかの人では目の届かないことや、大ざっぱに仕上げてはならないことには、その存在が必要なのです。

逆に、限られた時間内に間に合わせたり、全体的にバランスよく仕上げたりするためには、あまり物事にこだわり過ぎない、少々いいかげんなところを持った人のほうが良い場合もあります。また、両者とは別に、何でも平均的にうまくこなせる人もいますが、人にはそれぞれに長所と短所があるものです。

自分ではとても務まらないと思う役を当てられることは、世の中ではごく普通のことです。上司が自分の性格をよく知ってくれて、適材適所に使ってくれるようなことは、実社会ではあまり期待しないほうがいいのかもしれません。

でも、神様の世界は違うのです。すべてを見抜き見通しの親神様が、なぜあなたに沿わない組み合わせをつくられたのでしょうか。神様が人間の親ということは、観念的にはお分かりだと思います。しかし、心の底から親であることを信じられれば、子供である人間、つまりあなたに、持てない重荷を持たせるはずはないことをお分かりいただけるのでは。そして、あなたに見せられたことは、あなたにより力強い幅広い人として育ってほしいからこそなのです。

また、会社のグループにせよ、教会の青年会にせよ、みんながあなたに力強く引っ張ってくれることを望んでいるわけではないと思います。もちろんこの登用は、あなたのこれまでの実績があってのことでしょう。そして何より、初めに申しましたように、あなたの性格を全体の中で生かすことができれば、よりよく事が運ぶという思いからです。だから、上司や会長さんを通して、あなたの出番となったのでしょう。

あまりうまくやろうとすると、しんどいものです。いま置かれているなかで、自分の持ち味を生かせればいいんだというくらいの気持ちで出発してはいかがですか。ただ、ようぼくは、教祖の道具衆であるということを心に置いて通ってください。

（平成15年10月26日号）

近隣住人同士の仲が悪い

私の住んでいる町内は、近隣住人同士の仲が良くありません。お祭りなどの地域の催しでは、組ごとに役割を割り振って準備するのですが、陰でお互いの悪口を言い合っていて、ギスギスした雰囲気になります。そんな町内の組長に、来年から私が就くことになりました。なんとか仲の良い陽気な町にしたいと思っているのですが、皆それぞれに自分の意見を曲げようとせず、どうすればいいのか悩んでいます。

（60代・男性）

答

人の縁《えにし》は本当に面白いものです。人に限らず、物事や身の周りに起きてくることのすべては、いまある自分の徳分通りにお見せいただくものです。

仮に、それらが嫌だから、気に食わないからといって、どこかへ逃げたとしても、自らの本質が変わらない以上、また同じようなことが起きてくるでしょう。

ご相談の件について言えば、ご近所の仲が良くなるか否かは、その中心人物である取りまとめ役のあなたにかかっていると思います。軸となる中心がしっかりしていれば、周辺の問題も自然と解決していくものです。互いに歩み寄る姿勢を見せないという町内の方々も、あなたが〝良く〟なれば、きっと仲良くなっていくでしょう。

では、中心となるあなたが、どのように〝良く〟なるか。これは「水の心」に学ぶべきだと思います。

昔、私が十年間の青年づとめを終え、会長である父の前へ進み出たとき、父は小さな風呂敷にいろいろな物を載せ、私に向かって「真ん中をつまみ上げてみろ」と言いました。「どうなるか？」と尋ねる父に、私はばかにされているのかと思いながらも「すべて落ちます」と答えました。すると次に、父は両手でその風呂敷を持ち上げ、今度は布の真ん中を下に引っ張れと言う。「どうなった？」の問いに、私は「全部下に集まってきました」と。憮然《ぶぜん》とする私に、父は「自分が高くなれば、人も物も落ちる。低くなれば、すべてが寄ってくる」と話してくれました。

物の上に何を置いても、机上の灰皿一つ動かせない。一方、薄っぺらな紙切れでも、その下に入れば楽に動かせるものです。

加えて、水の心は、方円の器に沿うものです。経済的に豊かな人、そうでない人、男性でも女性でも、どんな立場の人にも、すっと溶け込んで一体となれる素晴らしさがあります。

聞いて頭で分かっただけでは、親神様はお働きくださいません。「低い心で通らせていただきます」と、心に定めてやってごらんなさい。

そうした心になるには、まずは教会へ通い、会長さんの話を聞いて、低い心をつくっていくことです。

この心が治まり、情熱を持ってかかれば、あなたはきっと、最適・最高の取りまとめ役になれるだろうと思います。

（平成25年11月17日号）

誤解から隣近所との関係が悪化

昨秋ごろから、隣家との付き合いが全くなくなりました。第三者と隣人についての話をした際、何の気なしに口にしたことが、回り回って隣人に伝わり、しかも自分の悪口を言われたと誤解したようです。さらにそれが原因で「あの人は裏の顔は怖い」との噂《うわさ》が広まり、ご近所との関係もぎごちなくなってしまいました。直接、隣人と話して誤解を解くべきかとも思いますが、夫に「話がこじれるだけ」とたしなめられました。今後、隣近所とどう接していけばいいのでしょうか？

（60歳・女性）

答

僕も布教の道中や、ほかのいろいろな場面で、良かれと思って話したことが誤解して受け取られてしまい、気まずい思いをしたり、大変な事態になったりしたことがありました。あなたのご相談のように、誤解を解くために話をしようとも思いましたが、やはりこじれていくのが目に見えていたので、やめました。

心が晴れない日々が続きました。人間、心に雲がかかって澄みきらないときは、神の思いと異なる悟り方をしているときが多いようです。

悩んだ揚げ句に自分の中で出た結論が、「ああ、まだ僕自身の徳が足らないのだ」ということでした。

たとえば、徳分が少ないときに、人に対して慣れと親しさで「おい！」と呼んでしまったりすると、相手が「なんであなたに『おい！』呼ばわりされなければならないの」と腹を立てることもあります。逆に、優しく猫なで声で呼んでも、「いやらしい、べたべたして気持ち悪い」としか受け取ってもらえません。

徳積みいっぱいで通っているときは、「おい！」の呼び掛けが「親しく接してくれている」と受け取られ、優しい声には「紳士的な人」として応対してくれるものです。

つまり、自分の周りに起きてくること、見えてくることのすべては、徳分にふさわしいことを神様が見せてくださっているのだと思うのです。

この辺を思案して、人を恨むことより、できることから、たとえば教会の御用など、神様に心をつなぐことを定めてみてください。きっと「ああ、このことの大切さを教えていただくための事情だったのだ」と、胸の中が晴れてくることだろうと確信します。

また、心一つが我《わ》がもの、とお教えいただいているのですから、ほかの人の言葉、態度に振り回されて、自分のものである心が人の言動で左右されてはもったいないです。

心通りに神が受け取ってくださり、相手とのつながりを付けてくださることを信じてお通りください。


（平成18年3月12日号）

経営めぐり義父と夫の意見が合わない

夫が実家の町工場を継いで三年が経《た》ちました。家族で移り住み、義父と共に机や食器棚などの家具を作る仕事をしています。最近になり、夫は新しい知識や技術を取り入れたり、新たなマーケティング戦略を考えたりしようと提案するのですが、長年の経験や知恵を大切にする義父と意見が合いません。どちらの意見も正しく聞こえるのですが、私にとって家族が仲良く過ごすことが何よりの願いです。家庭が治まるために、私はどのように通ればいいでしょうか。

（30代・主婦）

男同士の世界ではよく見られることで、特に血のつながった親子の間では、職種を問わず、いろいろと目にすることも多いと思います。

答

われわれがお預かりする教会でも、そういった事象がないとは言えません。ただ、お道の場合は、教祖から教えられた理に、全員が沿っていくことが大切になりますね。

話を戻しますが、あなたの義父も、いままでやってきた実績をもとに反対するのでしょう。ある意味では、せっかく築き上げたものを大切にしてほしいと、守りに入っているのかもしれません。それに、気力や気迫も若いころのままというわけではないでしょう。

親から子へ、社長なり会長なりがその立場を譲るというのは、リレーの走者が次の走者へバトンを渡すのと同じようなことでしょう。全速力で走ってきた走者を、ただ立って待つだけでなく、何メートルか同じペースで走りながらバトンを手渡しするものです。

ご主人は、会社に入って三年になるとのことですが、あと少しの間、義父のペースに合わせて走りながら、徐々に自分のペースを上げていくべきでしょう。その間、義父が築いてきた基礎的なものを自分のものにする努力をしながら、そのうえで自分の考えを少しずつ出していくべきです。

「温故知新」という言葉は、「故《ふる》きを温《たず》ねて新しきを知る」と読み方を教わった人もいると思いますが、これは決して古い事柄から新しい知識や見解を得るという意味ではありません。「故きを温《あたた》めて」という文字通り、古い事柄をよく調べて研究し、そこから新しい知識や見解を開くという意味です。

ことわざに「船頭《せんどう》多くして船山に登る」とあります。舵《かじ》取りは一人でないと統率が取れず、物事が見当違いの方向へと進むものです。

夫と義父がうまく折り合いをつけてゆくには、二人の間にいるあなたの働きが頼りです。火の働きの徳分を持った女性は、それぞれを温かい言葉で褒《ほ》めて心を勇ませましょう。そして、折あるごとに「相手にも一理あるわよ」と、優しく諭してみましょう。妻や嫁の言うことには案外、耳を傾けるものです。

（平成27年10月25日号）

夫の家族や近所と折り合いが悪い

私は四国の出身ですが、職を転々とし、神奈川で勤めているとき夫と知り合い、五年前に結婚しました。夫は私と結婚する前、前妻を病気で亡くし、その後、内縁関係だった女性と一緒に住んでいたので、近所の人がいまでも私を好奇の目で見ます。皆になじもうと懸命に努力しているのですが、あることないことを言われ困っています。また、夫の妹夫婦とも折り合いが悪く、他の親戚《しんせき》・家族も私を悪者扱いします。子供も授かりましたが、このままでは不安で仕方がありません。

（Y子）

答

詳しく書かれたお手紙を拝見しました。あなたの周りには、いろいろな事情を見せていただいたり、心の病で苦しんでいたりする人が多いようです。言い換えれば、何不自由のない生活、それを支えようとして自己中心の考え方が多くなった人々の心、そんな現代にあって、人は誰《だれ》だって心の病にかかる危険があるということです。長い文章の中から、このままいけば、あなたも完全なノイローゼになってしまうのではないかと心配しています。でも、いまならまだ間に合います。

それには目の向け所を変えるのです。

あなたの手紙から、僕は中国の〝四面楚歌《しめんそか》〟ということわざを思い出しました。漢と戦った楚の項羽《こうう》が周りを敵に囲まれたとき、その敵の中から自分の国の楚の歌が聞こえてきました。それを耳にした項羽は、楚人がみな敵に下ってしまったと勘違いして、戦線を離脱してしまったのです。

あなたの場合も、親族や周りがみな自分を分かってくれないと、形だけを見て、自分だけの小さな考えにとらわれていないでしょうか。

楚の項羽は、周りだけを見て判断して自滅しました。僕の言う、目の向け所を変えてほしいのは、この点なのです。

お道では、八方ふさがりのときは、天の一角が開いていると考えます。

自分の持ち前の性分・徳から、周りに押しつぶされそうになっているいま、あなたのなすべきことは、周りをなんとかしようということではなく、天からの光を摑《つか》みに行くことだろうと思います。神様がなぜ、こんな事情を与えられたのか、その真意を摑む努力をすべきです。

その第一は、まず心に明るさを取り戻すのです。明るく豊かな心で生活できるように変えるのです。そうすれば必ず周りが変わってきます。そのためには、自分で変えようとしても変えることのできない、やめようと思ってもつい心に浮かんでしまう、過去へのこだわりや先案じの心を、教会へしっかり足を運んで神様に変えてもらうことです。

をやのめにかのふたものハにち〳〵に
だん〳〵心いさむばかりや

（十五号　66）

親神様・教祖の心に適《かな》えば、必ず人は明るくなれるということです。いまのあなたには何をすれば親神様・教祖の心に沿うのか、それを教会で教えていただいてください。

でも、楽々通ろうとは思いなさんな。

（平成5年7月18日号）

父の病を機に結婚を考える

両親や親類が、事あるごとに「早く結婚しろ」と言い、いつまでも半人前扱いするのが嫌でたまりません。既婚の友人たちを見ていても、自分の時間はなくなるし、趣味はあきらめなければならないし、一人暮らしに不自由を感じない自分としては、結婚に全くメリットを感じません。しかし先日、父ががんになったことを知り、動揺しています。自分の結婚観は変わっていませんが、親孝行のために結婚すべきなのでしょうか。

（32歳・男性）

結婚をしていないだけで、手紙に書いてあるように〝落伍者《らくごしゃ》〟扱いされたのでは、うんざりするでしょうし、ある意味では迷惑なこと、この上ないでしょう。

答

確かに、いまの時点では、あなたにとって結婚はあまりメリットを感じないことかもしれません。もっともそれは、経験のないことだからです。だから、いかにメリットの部分を話しても、分からないことと思います。

将来、年を取ってからの寂しさや、生活面のすべてを考えたうえで、それでも一人を貫くというのなら、それも人生の一つの生き方だと思います。

ただ、あなたは親になっていないので、いまはあくまでも子供側の気持ちを主張しているのだと思います。親の心には、また別なものがあるのです。

独身の間は、自分が社会の中でどう生きていくか、将来の夢は……などと、自分を一つの単位として動いています。結婚して家族ができると、これが家族全体を一つの単位として考えるようになるのではないでしょうか。

親神様が人間を創《つく》られたのは、人間という子供が陽気ぐらしをするのを見て、共に楽しみたいと思召《おぼしめ》されたからです。そしてまた、自分の子供が伴侶《はんりょ》を得て、楽しく暮らすことを楽しみにしている親も多いのです。すべての親がそうとは限りませんが、早く孫の顔を見たいと思うのも、親の心情なのです。

自分がこの世に生を受けて育ってきた命が、子供や孫へと脈々と流れていく喜び、〝種の保存〟とでもいうのでしょうか。人もそれを本能的に持っているような気がします。

親の病気を機に、結婚に踏みきり、周囲の方々を安心させ、自らも結婚のメリットを味わう時機が来ているのかもしれません。

「ふうふをこしらへきたるでな　これハこのよのはじめだし」とお教えいただくように、この世のすべての基本は、夫婦の治まりにあるといわれています。親の思いと神の思い。よく思案されて、この際、踏みきってみてはいかがですか。

（平成17年8月21日号）

離婚した父に会ってみたい

私が二歳になる前、両親が離婚しました。母によると、原因は父の不倫だそうです。現在、父はその女性と結婚して子供もいるとのこと。一度、父と会って話をしてみたいのですが、二十年以上も会っていないことや、母の気持ちを考えると踏んぎりがつきません。母からは「私に止める権利はないけれど、何が起きても自分で責任を取るように」と言われています。父と暮らしている子供は未成年で、私が父と会うことで嫌な思いをするかもしれません。まずは手紙を出してみようと思うのですが、それがいいものかと悩んでいます。

（20代・女性）

あなたがどうして父親と会いたくなったのか、ということを第一に考えなければならないと思います。

答

お手紙には、これまで父親に興味はなかったが、同僚の男性が子育てをする姿を見て知りたくなったとあります。酷な言い方になりますが、彼はあなたの養育義務を放棄してまで不倫相手に走ったのですから、父親と会っても、なんの参考にもならないでしょう。

もちろん、当時の幼いあなたへの思いは、胸いっぱいにあったと思います。それでも、父親としての重圧や夫婦間の諸問題に耐えられなくなり、心引かれる相手へと走ったのでしょう。二十数年も前に、両親がそうならざるを得なかった原因については知る由《よし》もありませんが、あなたの「どんな男性が父親なのか知りたい」という気持ちは分かる気がします。

あなたをこれまで育ててくれたお母さまに、いままで以上の感謝の心をもって接していく心構えができたなら、自分のルーツを知るために、淡々と父親に会ってみてもいいでしょう。

実際に会うとなると、父親の〝理想像〟を思い描いてしまいがちですが、あなたの理想とは当然、異なった姿が見えてくるはずです。

特に、あなたの母親と相手の女性を比較しようと詮索《せんさく》することは避けてください。相手の家庭に対して、あなたが心の中で優位に立ったり、卑屈になったりすることがないよう祈っています。

考えてみると、人生とは、あるがままを受け入れていくことなのかもしれません。結婚、出産、育児、そして、社会生活でのさまざまな出来事。それらはすべて、いまの私たちにちょうど良き事として神様からお与えいただいているものだと受け入れる心が大切です。
あなたも将来、これから起こる出来事を、ちょうど良し、と受け入れられる人であってほしいと思います。そのために、周囲に対する自分の心づかいが、どれほど大切なことかと気づいてもらえたら、大変うれしく思います。

（平成28年9月4日号）

妻が出直し、家族から厄介者扱いされる

昨年、妻が突然出直しました。以来、同居している長男家族が、「働き者だったお母さんに比べて、お父さんは邪魔なだけ」と私を厄介者扱いします。妻の出直しと家族の仕打ちに二重のショックを受けています。支えであった妻を失い、家族から疎《うと》まれ、自分が何の役にも立たない、誰《だれ》からも必要とされない存在に思え、気持ちが沈んでいます。

（72歳・男性）

答

五十代で身上から入信されたとのことですが、文面を拝見していますと、二十年近く信仰の道を通られたという割には、形のうえはともあれ、心の動きについては、まだ入り口でとどまっておられるような感じを受けました。

私たちは人生を歩んでいる最中は、いかに信仰熱心であっても、身上や事情は付いて回るものです。

身上・事情は、人間の親であられる親神様が与えてくださるのです。親が、かわいい子供にそれを与えてくださるのは、これを機に一歩、二歩と前進し、人生をより良く生きるためにほかならないということは、よくご存じでしょう。

世間では、この節から挫折《ざせつ》したり道を誤ったりしますが、この私たちの信ずる道は、むしろ逆です。そのたびごとに勇み立って、また歩み出すのです。そのためには、神様の思いを知らねばなりません。

いま、あなたは自らのこと、立場だけを考えて、内に向けて何かを掴《つか》もうとしています。そんなときは、逆にはじき出されてしまうものです。

「誰からも必要とされない存在と思える」とありますが、実はいまが、この事情こそが、神様からの「まちかね」「よふむき」というお手入れなのです。教会を通して、自分以外の外の方向へ力を入れていただきたい。そして、そのことを通してあなたに、いままで味わったことのない心の感動と勇みを、生き生きと生きる心の動きを味わってもらいたいという、神様の大きな愛情に気づいていただきたいのです。

自分のことばかりを考え、過ぎたことをくよくよしたりするのは、人生を後戻りするようなものです。それでは、前向きに歩いてくる若い息子夫婦とぶつかってしまいます。

今度は、形だけ、それも年に数回、所属教会に参拝するだけという信仰から踏み出し、あなたにもするべき御用があることを知りましょう。教会へ積極的に足を運び、いまの自分にできる神様の御用を会長さんに教えていただいて歩むことです。

心を前向きに持って歩み出せば、息子夫婦に背中を見せる生き方になります。そして、その背中に必ず後から付いてきてくれます。家の中でも、形のうえで役立つより、心の光を放てる存在になれば、誰だってその光を求めたくなるものですよ。


（平成14年10月27日号）

会社での降格機に、息子夫婦に事情が…

三十五歳の息子は、昨年、会社で突然降格。以来、会社への不信感を募らせていますが、妻と二人の子供とローンを抱え、辞めるに辞められず、ストレスから軽度のうつに。ギャンブルにも手を出し、借金もあるようです。「自営業か農業に転職したい」と言いますが、正直向いていないと思います。息子は私に何も言いませんが、家庭内では夫婦仲が悪く、毎日嫁から息子の愚痴《ぐち》や不満を聞いています。息子夫婦がたすかる道をお示しいただきたく、ご相談申し上げます。

（55歳・主婦）

答

普通、理由もなく会社側が降格させるということはありません。なぜなのか得心のいかぬまま、続けて会社に出勤できるほうがおかしいと私は思います。

息子さんは、性格的には温和な面をお持ちだろうと思いますが、何か事が起こると逃げ腰になってしまうような弱さがおありなのではないですか。

「十五歳までは親のさんげ」とお聞かせいただきますが、三十五歳にもなる息子さんのことで、ただ親であるあなたが毎日教会で祈るだけでは、事態は進展しません。お手紙では「お詫《わ》びとお願い」をされているとのことですが、何をどう通ったらよいのか、です。

形の努力もしていくことが重要です。それは、信仰のないお嫁さんに、信仰をうつす努力をしていくことです。幸いなことに、お嫁さんとあなたとは仲が良く、夫婦仲が悪くてもあなたには優しく接しているとのこと。

その嫁が、あなたに愚痴や不足を言ってくるということは、とても素晴らしいことではないですか。あなたを信頼しているからこその、愚痴と不足なのでしょう。

だいたい、不足を言うということは、二つの理由があるようです。

一つは、足りないものをなんとかしたいということ。理想を頭に描いて、現状を見たときです。嫁には、良い家庭にしていきたいという理想があるのです。

もう一つは、心に神の思い、人間的な豊かさが足りずに、人間思案に満ちているときです。嫁が信仰的な心づかい、神の思いで判断することができるようになり、豊かな心になれば、現在、家庭内で起きている夫婦間の問題、夫の状態なども大きく抱えていけるようになるでしょう。

そもそも、大人になって所帯も持ったわが子のことで、いつまでも「親の私が、なんとかしなければ……」という気持ちでいることが、息子さんの甘え心をつくってきてしまっているのではないでしょうか。それよりも、ここはお嫁さんの出番です。この人に、しっかりと信仰面から話を伝えましょう。

（平成17年9月25日号）

高齢になっての心臓病、どう悟れば…

半年前に「大動脈弁閉鎖不全症」と診断されました。心臓に血液の逆流が見られ、心不全を引き起こす病気で、治療法は手術しかないとのことです。周囲からは手術を勧められましたが、年齢的に考えても手術を受けるつもりはありません。私は約三十年前にようぼくとなりましたが、これまで十分な務めを果たしてこなかったと反省しています。いま見せられている節を、どのように悟るべきでしょうか。

（78歳・男性）

答

お手紙を拝見して、大変感銘を受けました。それは、私の父（龍《りゅう》分教会初代会長）が常に「出直しを迎えるまで信仰せんとな」と口にしていたことを思い出したからです。

父は三十代後半で肺の病に侵されました。片肺の機能が全滅、もう片方も三分の一しか機能しなくなり、医師から「余命三カ月」と告げられました。それで道を求めるようになり、四十年間護《まも》っていただいたのです。

「寿命は親神様がお決めになることだが、出直す一週間くらい前まで自らの用が自由にできれば、寿命を全うしたと言えるだろうな」と語っていた父。その言葉通り、素晴らしい出直しの姿を見せていただきました。

常に親神様の思いに近づこうとする心が、父に確たる信念を持たせたのだと思います。信仰の形態はさまざまで、形だけ一生懸命やっていても一応それらしく映りますが、それは〝人間に対しては〟という但《ただ》し書き付きです。行動に心が伴わなければ、親神様に受け取っていただけません。

最近、形式化した行事を消化することで事足れりとすることを危惧《きぐ》する声も時折耳にしますが、こうした雰囲気があるのなら、全教的に払拭《ふっしょく》していかねばなりません。その意味で、高齢になっても信仰を求めるあなたの便りは、教内に一石を投じてくださるものであり、心が一層引き締まりました。

さて、心臓は最も重要な臓器であります。この先、あなたが通るべき道は二つあると思います。

第一は、逆流を阻止して本流へと向かうことです。社会的な貢献活動も大切なひのきしんですが、できる限り、所属教会の月次祭に参拝することが大切です。できない月には、あなたの心境などを手紙に綴《つづ》って、教会へ送らせていただきましょう。できれば旅費分のお供えも一緒に……。

二つ目は、どんな小さなことをする際も、そのことに真実の心を添えて、祈りと感謝をもって通るということです。

大きな身上を頂いているあなたゆえ、朝目覚めたときの喜び、まだ動ける喜びは、健康な人と比べて何倍も大きいはずです。人より喜びの多い人生って、素晴らしいと思いませんか？

（平成21年11月1日号）

多くの病気を抱え不安募る

ここ数年の間に数多くの病に倒れ、大小五回の手術をしました。うち三回は十時間を超える大手術でした。医者からも、今後再発はしないという言葉はありません。いまも退院したばかりで、近くの教会に日参し、ひのきしんをさせていただいています。会長さんの勧めで今春からの修養科を心定めさせていただきましたが、自覚症状のない病気もあり、毎日が不安でたまりません。これまでにした病気は結核、痔ろう、心臓病、高血圧、貧血、不眠症、糖尿病、十二指腸潰瘍《かいよう》、大腸ポリープ、平滑筋肉腫《にくしゅ》などです。

（62歳・女性）

答

これほどの病を経験されていることに、驚かされたというよりも、あなた自身も大変な思いをされたことでしょうが、親神様の辛抱強さと、抱えられる愛の大きさを感じずにはいられませんでした。と同時に、何度のお手入れを繰り返しながらも、まだまだをやの思いを分かってくれないという、親神様の歯がゆさと無念さも、ともに感じてしまいました。

これだけの病を持ったならば、普通だったら床に伏して立ち上がれなくてもおかしくはないのでしょうが、まだ自分で動けるご守護を頂いているということを、しっかり考えてみましょう。

身上は「真の陽気ぐらしへ導かれる慈愛のてびきに外《ほか》ならぬ」と『天理教教典』にも教えられている通り、親神様の愛そのものです。

手入れ、手引きという、優しくたしなめられているお言葉から始まり、心得違い、思惑、用向き、待ちかねのごとく、人間として、ようぼくとしての自覚を促される思いで知らせてくださり、はたまた、をやの思いが心底分からぬもどかしさを教えてくださるため、急《せ》き込み、意見、残念、立腹、手離れなどと、きつく聞こえる言葉をもって表してくださっています。幾度となく、あなたのうえにお知らせくださっているのは、かわいい以外の何物でもありません。

あまりに病の種類が多すぎますので、ここでは一つひとつ親神様が何を教えたいかとの理合いを書くわけにはいきませんが、共通してあると思われることは、自分本位に生きてきたということでしょう。そして、ともすれば持ち上がってくる高慢な心が邪魔をしていたようです。だから、自分の得になるようなことを捨てて、損なことを喜んでいける心をつくり、低い心で真実を出せる誠の心の人になることです。

とはいうものの、こんな心を使うことは、実はとても大変なことなのです。持ち前の癖性分と、代々の心のいんねんとが邪魔をして難しいのです。あなた自身では変えられないといっても言い過ぎではないと思います。だからこそ親神様のお力を借りるのです。

をやに必死で願い、そして努めれば、子供の願う以上の力を貸してくださるのです。それが修養科であり、教会を通じたぢばへのつとめです。その結果、あなたの心がいままでと変わってきます。そのとき、ご守護が与えられます。

どうぞ、病に嫌われるような心になるために、神の力を借りてください。自覚症状のない病なら、なおさらに親神様にもたれきり、これまでの反省をし、そして自分の通るべき道を自覚したなら、必ず不安は消えていきます。

（平成9年1月12日号）

結婚三十年、妻の身上どう悟れば…

妻との結婚を機に入信して三十年になります。これまで仕事ひと筋に生きてきた私は、家のことはすべて妻に任せっきりでした。それでも、妻は文句一つ言わず、家事をこなしてくれました。そんな妻が、先ごろ脳卒中で倒れて入院したのです。そのとき私は、初めて妻の支えのありがたさを身に染みて感じました。今回の妻の身上は、親神様からのメッセージだと思うのですが、「なぜ、家族思いの妻がこんなことに……」と、いまの状況を受け入れられずにいます。この節を、どのように受けとめればいいのでしょうか。

（50代・会社員）

答

若いころ、富士山の五合目まで登ったことがあります。山腹に立って感じたことは、普段、遠くから見える荘厳な雄姿とは程遠いということでした。赤茶けた枯れそうな松の枝や、剥《む》き出しの岩肌に囲まれ、ごく普通の山中にいるような錯覚さえ覚えたものです。

本当に大切なもの、かけがえのないものほど、それに包まれているときには、そのものの素晴らしさに気づかないものです。良妻賢母の奥さまに倒れられ、その存在のありがたさを初めて感じられたとのことですが、あなた自身も悟られているように、親神様からの〝お手紙〟をどう受けとめるかが重要になります。

お道では「身上事情は道の華」と教えられます。今回の節は、親神様があなたに知らせたい、何かを悟ってほしいと送ってくださったメッセージなのです。

病む者にとっては身上の障りですが、その姿を見て苦しむあなたにとっては、大きな事情となります。

あなた方夫婦が、陽気ぐらしへの歩みを進めるうえで、何が大切になるのか。その基盤である夫婦のあり方を軌道修正したほうがいいと思われた親神様が、どちらに知らせたら分かってもらえるのか、悟ってくれるのかという深い親心から、素敵《すてき》な奥さまに身上をお見せくださったものと思います。

厳しいことを言うようですが、仮にあなたが身上を頂いたとしたら、夫婦の素晴らしさをお気づきにならなかったかもしれません。家庭のことだけでなく、信仰の歩みを進めるうえでも、奥さまに任せっ放しではなかっただろうか。今回の節を、ご自身の来し方を顧みる機会にしてはいかがでしょうか。

社会で活躍していても、素晴らしい大地（妻）にふさわしい天（夫）であっただろうか。いま一度、夫婦のあり方を見つめ直して再出発を図りたいものです。大難を小難に見せて導かれる親心にお礼を申し上げれば、心は必ず澄みきることでしょう。

（平成23年3月20日号）

かつての自分に罪悪感を抱く

妻との結婚を機に、初めてお道の教えを知りました。以前の私は、災難や失敗はすべて周囲の人のせいだと考え、人を見下したような生き方をしてきました。しかし、彼女の人を思いやる優しさにふれるなかで教えに興味を持ち、「八つのほこり」を拝読し、原因はすべて自分にあると気がついたのです。これまで周囲の人をどれだけ傷つけてきたのかと反省し、大きな罪悪感を抱きました。自分勝手な生き方をしてきたことが恥ずかしく、いまさら、どう振る舞えばいいのか分かりません。

（30代・会社員）

あなたの相談文を読んで、私の胸に〝ドスン〟と何かがぶつかった気がしました。

答

ほこりの心。それはお道の信仰者なら誰《だれ》でも頭では分かっている教理です。しかも、その意味合いを他人にすらすらと説ける自分がいます。しかし、あなたのように、本当にわが心を省みて、毎日を過ごしているのか……。回答を書きながら信仰者として情けなく思いました。

ほこりは、吹けば飛ぶような些細《ささい》なものかもしれませんが、何年も放置して積もり重なると、一朝一夕《せき》に掃除するのは困難になります。

私たち信仰者は、心のほこりを払う道を教えられています。それをいいことに、あなたのようにわが心を省みることなく、安易に心のほこりを積み続けている人は少なくないかもしれません。

人間は自由に使える心をお与えいただいていますから、もちろん、素晴らしい心づかいもできます。

一方で、それ以上に親神様の思召《おぼしめし》に沿わない、ほこりの心づかいもしてしまいがちです。

自分で気づくような大きなほこりから、それこそ目に見えず、誰にも知られないような小さなものまで、一日のうちに、どれくらい積んでしまうのかと考えると、恐ろしくもなります。

お手紙によると、「これまでの仕打ちで死後は地獄に落ちるのでは」と、不安を抱いているようですが、決してそのようなことはありません。息を引き取り、神様にお借りしていた体をお返しした後、魂は神様の懐《ふところ》に抱かれ、次の生まれ替わりの時期を待つのです。

人として横道に逸《そ》れた人生を送ったと思うのなら、これから人をたすける道へと歩みを進めることで、通り直すことができるのです。一番の解決方法は、奥さんから朝夕のおつとめの勤め方を教えてもらうことです。

「神様、どうぞ自分では払いきれない心のほこりをお払いください。そして、人をたすける心になれるように、おたすけください」と真剣に祈るとき、自分でも気づかないうちに、罪悪感や自己嫌悪の心が消え去っていることでしょう。

そこには、不思議な安堵《あんど》感に包まれ、いままでの人生から一変し、積極的で前向きな人生が見えているはずです。

（平成28年11月20日号）

妻子と共に教会へ参拝したい

三年前、五歳下の未信仰の女性と結婚し、現在は二歳の長男と三人で暮らしています。別席運び中の私は、幼いころから教会へ通ってきたので、なんとか妻にも教会へつながってもらいたいと考えています。しかし、おぢば帰りを何度か勧めたものの、「私には関係ないから……」と、首を縦に振ってもらえません。今後、妻子と共に教会へ参拝したいと願っているのですが、妻にどう声をかけていけばいいでしょうか。

（20代・男性）

答

お手紙の中で「小さな問題のようですが、私にとってはいま、非常に大きな悩みとなっています」と書いておられますね。

どんな小さな物でも、目の間近まで持ってきてご覧なさい。それ以外の物は視界に入ってこないのが当然です。ほかに素晴らしい物（解決策や通り方）があるにもかかわらず、目先のことだけにとらわれて右往左往しているのが、いまのあなたの姿ではないでしょうか。

原因の一つは、あなたも少し気づいているようですが、奥さんの気持ちを分かってあげていないということです。

あなたは、いままで育った環境のもと、友人や知人など心の分かり合える仲間の輪の中にいます。ところが、奥さんはどうでしょうか。親元を離れ、全く環境の異なる土地へ来て、周りに知人はほとんどいない状況でしょう。言い方は良くありませんが、周囲の目や思いを気にしながら、まるで敵陣にいるような思いがないとはいえないでしょう。

しかも、宗教を信じているあなたに悪い思いは持っていないにしろ、どんな教えなのかもさっぱり分からないまま、自分に押しつけられたように思ってはいないでしょうか。

一度、教会へ連れていったときも、あなたは同世代の仲間と楽しそうだったとか。あなたを唯一の頼りとして嫁いできた身にとっては、疎外感が頂点に達してしまったのではないでしょうか。

信仰面についても、自らの好きな形を求めるだけでなく、この教えが芯《しん》から陽気に暮らせる道だということを奥さんに説いて、分かってもらうことが大切です。そのためには、あなた自身が教理の素晴らしさを感じ、実行することから始めるべきです。
男性は天の理、女性は大地の理とも教えられます。地が晴れて豊かになることが、一家にとって大切なことです。そのためには、天が晴れて、地を光らす必要があります。男性（夫）だけ心が晴れて、女性（妻）に光を当てない通り方は、天理から少しかけ離れていると思いませんか？

（平成21年7月12日号）

教会から足が遠のく思春期の娘

中学二年生の娘は、所属教会の雰囲気が大好きで、これまで鼓笛活動にも熱心に取り組んできました。しかし、ここ最近は「友達と遊びたい」などと言うことが多くなり、教会へ足を運ぶ機会が減っています。娘の心が教会から離れてしまうのではないかと心配です。

（40代・女性）

答

小学生までの子供たちは、親に言われるまま生活基盤をつくり、そのなかでの自分を楽しむものです。

中学生になった娘さんは、精神的にも肉体的にも大きな変化が生じ、まさに大人への第一歩を踏み出そうとしているのでしょう。ものの見方や考え方がある程度完成された大人とは異なり、若者たちの目には、いろいろなことが新しく映ります。いまはワクワクした気持ちで、大人への境界線をまたごうとしているのです。

娘さんにとっては、学校生活、部活動、交友関係のどれを取っても、希望は膨らむばかりです。

しかし一方で、何にどう対処していいのか、戸惑いを覚える時期でもあります。だから、あまり束縛することなく、親自身も「ここまでなら」と思える許容範囲を広げていく必要があります。

ややもすると、私たち大人は、これまでに経験してきた心の変化や葛藤《かっとう》を忘れ、知らずしらずのうちに、いまの自分の考え方、心のあり方で「こうあるべき」と、わが子に〝操りの紐《ひも》〟を用意してはいないでしょうか。

かといって、何でも子供の思うように自由奔放にさせておいていいということではありません。

どこまで自由にさせておいていいのか、何を厳しく伝えればいいのか悩むことも、親の仕事の一つなのでしょう。

子供が中学生になった。親は中学生の子供を初めて持った。ここがポイントです。

親としての年齢は、わが子の年齢と一緒です。口であれこれ言わなくとも、子供の中身が大きく育ってきたのですから、親という〝容《い》れ物〟がいつまでも昔のままでは、釣り合いが取れなくなってしまいます。

夫婦の心の容れ物を大きくする努力を惜しまず、母親という大地の理を持つあなたが、信仰生活のなかでより豊かな心を育《はぐく》み、成長しながら歩んでいくのなら、心に安心感が芽生えてくることでしょう。

大地が豊かならば、そこに育つ作物も必ず豊かに育っていきます。

（平成25年3月17日号）

子供に信仰を伝えてきたはずが…

高校生になる息子は最近、夜遅くまで遊び回るなど、不摂生な生活を続けています。幼いころは「こどもおぢばがえり」に参加したり、教会に参拝したりと、素直な子だったのですが、いまでは全く聞く耳を持ちません。これまでの育て方、信仰の伝え方が良くなかったのではないか、親のさんげが足りないのではないかと悩む毎日です。今後、どのように息子に接していけばいいのでしょうか。

（40代・男性）

朝から昼へ、夕方から夜へ。その明確な区切りはあるのでしょうか。何時までが朝で、何時からが夜なのかは、人の感覚によって、さまざまだと思います。

答

私たちお道の者は、「十五才までは親の心通りの守護と聞かし、十五才以上は皆めん〳〵の心通りや」（おさしづ　明治21年8月30日）とお聞かせいただきます。

私自身は、このお言葉を、それぞれが心の成人に向かう一つの目標としてお示しくださったものと受けとめています。十三歳でも親の思いを受けてしっかりと育ち、独り立ちできるような子もいれば、十八歳になっても親がお詫《わ》びに回らなければならない子供もいるように、一人ひとりの成長の仕方は違うのです。

また、息子さんのように十五歳くらいの子供であれば、自己主張が強くなり、いろいろな行動に出るのは当たり前だと思います。いつまでも親の言うことを聞いて、自己主張がないのも困りものです。

さて、あなたの言われる「信仰を子供に伝えてきた」とは、果たしてどういうことでしょう。信仰するよう促すことが、本当に〝伝えた〟ことになるでしょうか。

中学生くらいまでの年齢なら、仕方なく親の言う通りに従うかもしれません。しかし、その時期を過ぎると、そう簡単にはいかなくなるでしょう。あなたのような悩みを抱える親は多いと思います。

かく言う私も〝反発組〟の一人でした。どう考えても神様の世界が分からず、お道を一切受け付けない時期があったのです。そうした経験を経て、あるとき父に「もう少し、僕の頭で分かるように教えを説いてほしい」と頼んだことがありました。しかし、返ってきた答えは「おまえの頭で分かるような、ちっぽけな神様じゃない」のひと言でした。

後年、父に「僕が、あなたに付いて、お道を通るようになると思っていましたか?」と尋ねると、「当たり前だ。俺《おれ》が通ってきた道だ」と、事もなげに言われたのを覚えています。

人をたすける心を胸に、陽気ぐらしに向かって、親がつらい道中を歩み続ける。そのなかに、親神様がわが子を育ててくださるという確信が得られるようになると思います。

（平成24年2月12日号）

結婚後、信仰に関心を示さない娘

三年前、未信仰家庭へ嫁いだ娘が、お道から遠のいてしまうのではないかと心配です。嫁ぎ先は実家やおぢばから遠く、私がおぢば帰りに誘っても、いろいろな理由をつけて断られてしまいます。結婚前は家族で教会へ参拝し、事あるごとに信仰談議に花を咲かせたものですが、最近では、電話で話していても、お道の話にあまり関心を示さなくなったように感じられます。今後どのように信仰の大切さを伝えていけばよいのでしょうか。

（50代男性・会社員）

答

大海原を航海する船乗りにとって、行き先を指し示す羅針盤は欠かせません。これと同じように、私たちが歩む人生においても、目的地へ向かうための羅針盤が必要となります。

ところが、現代の世相を見ると、お金や地位、名誉などを頼りに航海している人が少なくないように思います。

一方、私たちお道の者は「天理」を指針に、歩みを進めることができます。大難を小難に、小難を無難にお連れ通りいただくためにも、天理に沿った〝羅針盤〟を携帯することが大切です。

この羅針盤は、人生で遭遇《そうぐう》するさまざまな苦しみを喜びに変えてくれるものです。もちろん、節を見せていただいたときにのみ指針とするものではありません。

お手紙を拝見して、娘さんが節に出合ったときのことを心配するあなたのお気持ちが、ひしひしと伝わってきました。親神様にお守りいただくためにも、「天理」という羅針盤を持つ大切さを、娘さんに伝えたいものですね。

人間は等しく親神様の子供です。銘々《めいめい》の心づかいや行いが、親神様の示される方向へ向いているときには心が澄みきり、晴れ晴れとした気持ちが広がる。つまり、不安なく道を通ることができるのです。

この素晴らしい教えを身につけ、深めていくには、段階を追う必要があります。まずは、親であるあなたご自身が、娘さんの人生の行く手に不安を感じないように努力することです。

そのためには、毎日おつとめを勤めることが大切です。祈る心は、必ず親神様がお受け取りくださいます。そのうえで、〝陽気ぐらしの羅針盤〟の一つである『天理時報』を送ったり、たとえ断られても、おぢば帰りを勧めたりしてはいかがでしょうか。信仰の大切さを伝えるのは、その次の段階でいいと思います。

おつとめを通して親神様と向き合うなかで、あなた自身の心もきっと晴れることでしょう。そのころには、娘さんも信仰の大切さを理解できるようになっているのではないでしょうか。

（平成22年11月14日号）

実娘の性格が一変、離婚にも…

　嫁がせた娘は、幼い子供を連れ、自ら進んで修養科に入り、その後もボランティアでお年寄りの世話取りなどをしていました。ところが二年前にマイホームを建築後、フルタイムで仕事を持つようになり、娘の心が一変しました。夫婦間に小さな亀裂が生まれ、三カ月前、夫婦げんかの末に家を出てしまったのです。その後、婿（別席運び中）は反省し、子供のためにも戻るよう説得しましたが、アパート暮らしを始め、離婚調停まですする始末です。すっかり信仰を忘れてしまったような娘の代わりに、私が信仰のうえでできるだけのことはさせてもらっていますが、孫たちが不憫《ふびん》でなりません。

（A子）

答

昔から、家を新築すると誰《だれ》かが病気やけがをしたり、ごたごたする問題が起きたりすると、よく聞きます。

これは私的な考えですが、家を建てるにはまず、目に見えぬ基礎に力を入れます。と同様に、普請ということは人生の大きな実りをもたらすわけですから、それを支える夫婦の根を大きくして（＝徳積みをして）掛かったかどうか。もう一つは、新しい容《い》れ物を作るのですから、その中に住む人々が新しい心に切り替えができなかったら、また、大きい物を建てるのですから、それに沿うように中味（＝夫婦）の心が人間的に大きくならなかったら、不釣り合いになります。

ましてローン返済のために、家庭を育《はぐく》むべき主婦がフルタイムで働きに出る。働くのが悪いというのではありません。前記したごとく、しっかりした徳積みと、夫婦の心を合わせたうえでのことでしたら、心配もなかったでしょうが、そうでなければ、女性も働けばお金が稼げるという思いから、夫に対する対応の仕方も変わってしまうのではないでしょうか。

親として大変悲しく心配なことでしょうが、これはあくまで夫婦の問題ですから、親神様に働いていただく努力をするのは、当事者の娘婿であるべきです。いまは娘さんに何を言っても聞きますまいから。そのための精いっぱいの助言をあなたがすることです。

形の仲立ちも必要ですが、肝心なのは親神様に仲立ちしていただくことです。言うことを聞かそうと説得したり、教理をもって上から押さえつけたりしても、押さえるだけ余計に動かなくなります。苛立《いらだ》つ気持ちは分かりますが、問題解決を急ぐ前に、そこまでしなければならなかった娘さんの心をほぐすためにも、下から抱える働きをなぜしてあげないのですか。一人の信者と考えて、まず言い分を存分に聞いてあげることです。

そして一方、仲立ちになっていていただく親神様に、その心を受け取って働いていただくために、夫は何をすればよいかを考えるべきです。信頼を取り戻すためには、時間がかかり過ぎますから、早急に心を定めるのです。一年以内によふぼくになること。それも、形にとらわれるのでなく、人をたすけることが別席の目的であることをしっかり助言してあげること。また、教会の月次祭は必ずつとめること。できないときは夜にでも参拝に行くこと。

事情も頭を使って解決してはなりません。〝道の華〟なんですから、たすけるあなたたちが神意を悟って、勇み心で掛からなければ理が映りません。

（平成9年3月23日号）

度重なる身内の身上、どう悟れば…

昨年末、義理の弟に前立腺《ぜんりつせん》がんが見つかったのを皮切りに、身内に身上が相次いでいます。妹の義父が肝臓を患って春に出直すという節を見せられたかと思うと、次は父が肺がんと診断されたのです。つい最近は、義母が急性腎不全《じんふぜん》で緊急入院しました。度重なる節をどのように悟ればいいのでしょうか。また、信仰者として、いまの私に何ができるのでしょうか。

（40代・主婦）

病んで苦しむのは身上、その姿を見て悩み苦しむのは事情といえると思います。

答

身上・事情は人生の節です。そこから芽を出すためにも、あなたはご家族と共に、本気で信仰する心を養っていくことが求められます。

神様に祈りを捧《ささ》げることで、病気が治り、事情が解決することを、俗に「ご利益《りやく》」といいますが、私たち信仰者にとっては、それが真の目的ではありません。

形のうえでのたすかりばかりに目を向けていると、必ず行き詰まるときがやって来ます。どんな苦しみや悩みの渦中にあっても、喜びの種が無数にあることを胸に治めることが大切なのです。

そのためにも、日ごろから教会へ足を運び、教えにふれる機会を増やしていただきたいと思います。喜びの種を育てたいという心になることが、真の意味での「ご利益」といえるのではないでしょうか。

そして何より、地道にコツコツと信仰を深めていくことが大切です。そうした積み重ねがあって、形のうえでのたすかりを見せていただけるのです。その際、神様にすがる、寄りかかるのではなく、もたれて通る心が必要となります。「自分ではどうにもできませんので、すべてを委《ゆだ》ねさせていただきます」と、神様の懐《ふところ》へ飛び込んでみてください。

言うまでもなく、教会の月次祭には、必ず参拝していただきたいと思います。神様のお働きに感謝を申し上げるとともに、身内だけでなく、周囲の人々のたすかりを祈るようにしましょう。そして、自らの心を立て替えていただくために、大きな声で「みかぐらうた」を唱和するのです。

また、会長さんの言葉通りに徳積みをすることが大切です。隠れて善い行いをしたのに、心が沈むということは決してありません。徳を積ませていただいていれば、必ずたすかる道が見えてくるはずですし、抑えても勇み心が沸々と湧《わ》き起こってくることでしょう。それは、親神様が「善いことをしたね」とささやかれている証しなのです。

何ごとにおいても、自らの真実をすべて出しきるなかに、神様にもたれる心を養わせていただけるものと思います。

（平成22年9月12日号）

子供の身上で不安な毎日、夫を信仰に導きたい

私は教会で生まれ育ち、昨年、未信者の夫と結婚しました。すぐに妊娠し、夫と共におぢば帰りしましたが、夫は「なぜ未信者の自分も行かなくてはいけないのか」と、納得いかない様子でした。赤ちゃんは妊娠八カ月に体重約一キロの仮死状態で生まれ、八カ月間の入院を経て先日退院しましたが、悪条件が重なり、いろいろな後遺症が残る可能性が高いとのことです。夫婦の心を合わせるのが大切だと分かっていますが、宗教に不信感を持っている夫に、どのように別席を勧め、私はどのような心で通ればいいのでしょうか。暗い顔をしていてはいけないとは知りつつ、毎日が不安でたまりません。

（27歳・女性）

答

毎日が居ても立ってもいられないような気持ち、お察しします。ただし、不安の心で通られているとのことですが、そのことのほうが気になります。それは、親神様が子供の病気を通して教えてくださろうとする思いと、異なる方向へ心を向けてしまっているからです。

教会で生まれ育ったあなたは、教理もある程度は読んだり聞いたりして知っておられるでしょうが、知っているのと、教えを実践するのとは、大変な違いがあります。夫も共に信仰の道を通ったら良いとは知っていても、どうしたら夫を動かせるかが問題です。

あなたはもちろんのこと、夫も大変につらい思いをしておられるでしょう。きっと何かに救いを求めておられるはずです。それなのに、あなたの言うことには心が動かない。なぜでしょうか。それはいま、あなたの心が貧しくなっているからなのです。

なんとかしたい、夫に別席を運んでほしい、早くご守護を頂きたいという心は、願うだけの心です。この道は、願い通りではなく心通りと教えられます。しかもそのうえ、イライラして悲しい顔のあなた。夫に対する毎日の態度も愛情が欠けてきてはいませんか。

そのような苦しいなかでも、心豊かに勇んで通り出せたら、それを見て夫も心動かされるようになります。いまは夫が別席を運ぶことよりも、あなたの心の向きを変えることが大切です。

子供をなんとかしたい。この心は親の真実です。ならばいま、あなたは今日まで育ててくださった両親の思いを知る時です。そして、親神様が子供に陽気ぐらしをさせたいという思いを、深く深く分かっていく時です。私たち人間を生み育ててくださったご苦労を知る時です。

子供の病気を通してまで、あなたに教えようとされる親神様の思いが分かったなら、そして、ここからあなたの心の向きが変わるなら、つらいなかにも感謝できるはずです。心通りに守護するとおっしゃられているのに、いまの貧しい心では発展はありません。

あなたがどう通ればいいのか。それは、教会の手足となって、人をたすける親神様のお手伝いをすることです。にをいがけに回ることです。そうすれば必ず豊かな心に変わります。豊かな心には豊かな形が付いてきます。私たちの救いは、たった一つの心が、どんな時でも我《わ》がもので自由に使えることです。

（平成8年10月6日号）

妻のがんの身上、夫婦でどう悟れば…

先日、妻が乳がんと告知されました。私は妻の身上を夫婦の節と受けとめ、親神様の思召《おぼしめし》を悟り、夫婦で成人の道を歩む決意を固めなければと思いました。しかし、もともと未信仰家庭から嫁いできた妻は、「どうして私が……」と悲嘆に暮れています。所属教会の会長さんに相談して、おたすけをお願いしようとしているのですが、妻は「心配をかけてしまうし、迷惑になるので申し訳ない」と言い、頑《かたく》なに相談しようとしません。夫婦で節と向き合い、教祖にもたれていくためには、どうすればいいでしょうか。

（50代・男性）

答

平和に暮らし続け、これといった支障もなく人生を謳歌《おうか》している最中に、突然がんと診断されたときの心の動揺は、いかばかりであったかと思います。奥さまのみならず、夫であるあなたも同様に心を乱され、明るい家庭の中に暗雲が立ち込めたこととお察しいたします。

手術などの治療が可能かどうかも分からぬうちに、まず心そのものが乱れてしまう。当たり前のように感じていた明るく生き生きとした人生が、心の向きが変わると同時に暗闇《くらやみ》へと引き込まれるわけです。しかも体調まで狂いがちになります。

「体は神からのかりもの」と、何度もお聞きになっているでしょう。ただ一つの自らのものである〝心〟が勢いや張りを失えば、それに伴って体が付随してしまうのは当然です。

鼻をかんだティッシュペーパーは塵箱《ちりばこ》に捨てられるのが普通です。しかし、ティッシュペーパーでお菓子を包めば子供のおやつに、お金を入れて畳めば、神様の前へ捧《ささ》げることさえもできるのです。

いま、心をどう勢いづかせ、かりものの体に真から感謝すべきかを教えていただく、またとない機会です。

がん細胞に勢いをつけさせるのか、それともほかの多くの細胞を、がんを抑え込むほど生き生きさせるのかが、問われているのでしょう。

なまじの心定めではいけません。まずは人をたすける心を持つことが大切です。がんを患い苦しむ妻の姿を、そばで見ているあなたが、まずは〝たすけの道〟へと踏み出すことです。妻の身上は、あなたへのお知らせでもあります。その際、教会には必ず相談してください。

あなたが、そして奥さまが人生を生きるという真の意義を、これを機会に摑《つか》むことができたならば、がんも人生の大きな〝恩師〟になるかもしれません。勢いを持って健闘されることを、心よりお祈りいたします。

（平成26年11月23日号）

弟が五十歳で死去、今後の通り方を…

実の弟が、多発性骨髄腫《しゅ》で二年の入院後、五十歳で出直してしまいました。医者からあと数カ月の命と宣告されてからは、母も弟の妻も、ひのきしん、にをいがけ、教会の神殿普請のお供えと、懸命に励み、会長さんもおたすけに来てくださいましたが、願い叶《かな》わず悲しい結果となってしまいました。最期まで苦しんでいった弟の姿を思うと、家族や私の信仰は何だったのだろうかと、喜んで道を通らせていただく気持ちになれません。弟の霊《みたま》に喜んでもらうにはどうすればいいのか、今後の心構えをお教えください。

（62歳・女性）

答

生ある者は必ず一度は死を迎える。避けては通れぬことであるのは重々承知しながらも、いざ、肉親の出直しに当たっては、旅立つ者も送る者も、これほどつらく悲しいことはないでしょう。弟さんのお出直しを心よりお悔やみ申し上げます。

出直しとは、古い着物を脱ぎ捨て、来生にまた縁を頂き、その魂にちょうど良い肉体と家族を貸していただいて、この世に生まれ替わらせてくださることと教えられています。魂は永遠に生き通すのでしょう。

私の父のことですが、肺を患って数カ月の命と宣告されてから、懸命に人だすけに専念いたしました。

その父がいつも言っておりましたのは、このいんねんをわが家に残してはならない、そのためには〝たんのうの心〟を治めることだ、ということです。結果的には長生きできましたが、いつ出直してもおかしくない体でした。

身上がひどい最中でも、「魂がまたこの世に生まれ替わらせていただける。また、この痛んだ、醜《みにく》くやせた肺疾患の肉体とも決別できる。そして、新しい身体《からだ》を貸していただける素晴らしい機会を与えてくださる親神様の心がうれしい」と、言い続けていました。

病気に知らせていただくまでは、たすかりたい、もうけたい、家運が良くなりたいと、自分のほうに取り入れる、無いから入れたがる貧しい心でしたが、死を覚悟し、信仰に打ち込んだとき、人は命ある限り陽気ぐらしをするべきだ、との結論に達したようです。

出せる人になる。出せる人は、持っているから、豊かだから、出せるのです。豊かな心、陽気ぐらしの心は、この出せる人、ということに気づいた父は、たすかりたいという〝入れる信仰〟から、たすけたいという真実の心を〝出す信仰〟に替えたとき、たんのうと陽気ぐらしの生涯が待っていたのです。

弟さんの病気は、それをきっかけに、縁ある人々に真実を出すことを教えてくれたのだと思います。そして、あなたたちは懸命に、いままで以上に、〝出す〟陽気ぐらしに向かって通ってくださいました。でも、出直しとともに、その心がくじけてしまったら、弟さんは「僕が苦しい思いをした意味がないよ」と嘆かれるかもしれません。

いまのつらさを通り越したら、深く考えてみてください。

（平成4年10月18日号）

第二部

たすけの道

友達に「天理教」と打ち明けられない

所属教会の鼓笛隊に参加しています。会長さんから友達を誘うように言われ、学校でお道の話をしようと思うのですが、友達は宗教に偏見を持っているようです。お道は大好きですが、友達にはとても打ち明けられません。

（高校1年・女子）

答

あなたの思う通り、このお道は素晴らしい教えです。正直に言うと、私たち教会長が生涯かけても摑《つか》みきれない、奥の深い、それでいて、どんな人の心も揺さぶられずにはいられない、世界に類を見ない宗教です。

人間の頭で理解できるような簡単なことでしたら、あなたも勇気をもって人に伝えられるのでしょう。ですが、そんなものではないと胸の内で分かっているから、宗教は「困った人がする」「お参り信心」という友人の言葉に、誤解されては神様に申し訳ないとの心が働くのではないでしょうか。

水の働きを知っていますか。水はどんな容器に入れても、その形に沿う働きがあります。言い換えれば、男性も女性も、年齢、貧富、そして立場にかかわりなく溶け込んでいける働きです。

そしてもう一つ、水は低い所へ流れるということも胸に治めてみましょう。低い心で通れば、そこに物事が集まってくるのです。うまく表現できなくて、笑われたらどうしようと思うのは、「八つのほこり」の〝こうまん〟です。笑われまいという心を捨てたら、水の働きが味方してくださいます。

その低い心で友達に話すとき、今度は神様が働いてくださいます。きっと、あなたの心を汲《く》み取って、相手の胸中にある素直なものを引き出してくださいます。

布教の初期、まだ何も分からない私が、おぢばへ向かう新幹線の中で耳の不自由な母子に会いました。母親の胸で泣きだした赤ちゃんをあやしたことがきっかけで、母親と筆談していると、付き添いの人が戻ってこられました。筆談の内容を見たその方から「素晴らしいお話ですね。精神科のお医者さんですか？」と言われ、「似たようなものです」と答えてしまった私。布教師という立場を言い出せなかったのです。

途中、名古屋で用があり、下車する際に「あなた方はどこまで行かれるのですか？」と伺うと、堂々と「私たちは奈良の天理へ参拝に行きます」との返事。感服しました。こんな信仰ができるといいですね。

（平成19年2月25日号）

周囲の目気になり、行動できない

ある日、近くの公園へ行くと、ごみ拾いや公衆トイレの掃除に励むハッピ姿の男性がいました。その姿に感心していると、近所の主婦仲間が輪になって「なんだか気味が悪い」などと話しているのが聞こえてきました。同じ地域に住む教友が勇んでいる姿を見ると、「私もひのきしんを」という気持ちになりますが、周囲の目が気になって行動に移すことができません。

（30代・女性）

答

「袖振り合うも多生の縁」といわれるように、私たちは日常生活の中でいろいろな人と出会い、さまざまな事柄にぶつかります。時には、会いたくない人やうれしくない出来事に遭遇《そうぐう》することもあるでしょう。

一日の中で朝起きてから夜寝るまで、それこそ数えきれないほどの出会いがあります。それはすべて偶然でないような気がします。いまの自分にとって、出会うべくして出会っているという思いがするのです。

その日ふと、あなたが公園へ行き、その時間にひのきしんをしている教友の姿を見た。そして「私もさせていただきたい」と心が動いたということも、あなたに必要なことを親神様が教えてくださったのでしょう。

でも、他人の目や言葉が気になって、行動に移す踏んぎりがつかなかった。

「仕方がない」と軽い気持ちで流せずに、葛藤《かっとう》が心に渦巻いた。つまり、心に暗い陰ができてしまったということでしょう。

心を雲が覆《おお》うと、気持ちは暗くなっていきます。そして、人の言葉に翻弄《ほんろう》されている自分を情けなく思うことでしょう。

お道では「心一つが我《わ》がの理」と教えられます。人に左右され、人の目を気にしていては、いつまで経《た》ってもフラフラと思いも固まらない。人がどう思おうが、どう言おうが、自分を信じて前向きに考えるべきです。

それこそ私たちの教祖は、数多くの中傷や反対のなかをも敢然《かんぜん》とお通りくださった「ひながた」を残してくださっているのです。

私たち人間は、神の思いに沿いたいときにも、さまざまな葛藤が生まれるものです。

親神様は私たち人間に対し、思案したうえで心を定めて、神様の思いに沿ってごらん、とおっしゃっています。「よし！」と踏んぎりをつけて、周りに笑われてもいいからと行動に移したとき、あなたの心は晴れ晴れとして、神様が喜んでおられることを実感するでしょう。

（平成20年12月7日号）

月次祭の日に仕事を休みにくい

就職して三年が経《た》ちます。入社の際、所属教会の月次祭に参拝したいと申し出て、毎月休みを頂く配慮をしてもらいました。初めのうちは良かったのですが、半年ほど経ったころから仕事が忙しくなり、同僚は残業続きで休みなく働いていています。教会の御用は大切だと思う一方で、休んだ翌日は気が重く、申し訳ない気持ちでいっぱいになります。月に一度のこととはいえ、休みを取り続けることに気が引けます。

（25歳・会社員）

答

お手紙を読ませていただいて、私自身がとてもうれしくなりました。

世の中の人の悩みの大半は、わが事中心ですが、人をたすけることにつながる神様の御用の悩み。これほど人間にとって高尚なことはありません。教祖もきっとお喜びくださり、力をお貸しくださると思います。

本部月次祭の「かぐらづとめ」は、元初《もとはじ》まりの親神様のご守護を今に頂き、陽気ぐらしへの世の立て替えを祈念するおつとめです。その理（神の働き）を戴《いただ》いて、各教会で月次祭を勤めているのです。

おつとめは、教会のためとか、会長さんを喜ばせるために勤めるものではありません。教祖は、ご生涯を通して、そのことをお教えくださいました。しかも、たすけをするため、たすかるためのもとだて、基本であると教えていただいています。

おつとめを勤めるうえで、私が大切だと思うことを三つ挙げます。まずは、おつとめ（月次祭）に行かねばならないと思うのではなく、こちらから神の思いに飛び込むことです。

また、人それぞれに持ち味が異なるように、地方《じかた》、おてふりの形、九つの鳴物も、最高の形、音色が出せるよう努力すること。あなたの持ち味が引き出されるようになるでしょう。

そして、それぞれが地方に合わせて一手一つに勤めること。以上が、心に置くべきことだと思います。

おつとめの本質は、ここでは言いきれませんので、『天理教教典』を読んだり、会長さんや諸先生方の素晴らしいお話も聞かせていただいて、心に治めたいものです。
「おかきさげ」に「家業という、これが第一」とありますように、他を生かすためのたすけ合いの心で、すべての人が仕事をすることで世の中が回っているので、これも疎《おろそ》かな勤め方ではいけません。
さて、神様のおつとめ、仕事のおつとめ、決断を下すのは、あなたの心意気に任せましょう。

ふかいこゝろがあるなれバ
たれもとめるでないほどに
（七下り目二ッ）

とのお言葉を心に置いて。

（平成19年9月30日号）

知人に別席を勧めることが重荷

所属教会へ足を運び始めて十数年になりますが、これまでにをいがけ・おたすけに熱心とは言えませんでした。そんな私に昨年、会長さんが「ぜひ別席を勧めてもらいたい方がいる」と声をかけてくださいました。その方は、教会の鼓笛活動で知り合った未信仰の一児の母親です。同年代ということもあり、気軽にお話をするものの、別席を勧めるとなると重荷に感じます。また、どのように話を切り出せばいいのか分かりません。

（30代・女性）

相談文にあるように、確かに「会長さんや奥さんの仕事をなぜ私が？」と疑問に思うのは当然です。

では、なぜだと思いますか？

答

一つは「仲の良いあなたからの話なら、相手の方も心を許してくださる」との会長さんの言葉通りです。しかも、後押しをしてくださるとのこと。

二つ目は、あなた自身が重荷に感じていることにあります。

入信して十数年。いまだに教会の温かい雰囲気に惹《ひ》かれて参拝しているだけでは、「信仰が進んだ」「成人した」とは言い難《がた》いように思います。十数年も道を歩んでいるのに、目に映る景色が変わってこなければ、信仰（進行）したとは言えません。

自分が楽しいだけの〝たすかりたい信仰〟から、をやゝ（親神様や教祖）の思いに沿う〝たすけたい信仰〟へ変わる機会を、会長さんの口を通して親神様が教えてくださっているのだと思います。

そのためには、あなた自身が力を付けなければなりません。スポーツ選手は力を付けるために、「苦しい」「しんどい」と思うくらい、つまり重荷に感ずるほどに練習するものです。

これと同じように、会長さんの言葉は、あなたに重荷を持たせて、ひと味違う信仰の醍醐味《だいごみ》を味わわせてやりたいという親心から出たものでしょう。

大切なことは、その言葉を受けて、なんとか努力しようとすると、神様が働いてくださるということです。努力するうちに、別席を運んでくださるか否かは問題でなくなります。そして、いつの間にか、〝心の力〟が付いていることに気づかれると思います。

さて、話し方のヒントとして、たとえば、こんな内容はいかがでしょうか。

「私たちが今日まで大きく育ってきたのは、人間の体に食べ物を取り入れるからですが、それらが毎日きれいに出てしまうから健康を保っていられるのです。では、何も残らないのに、なぜ大きく育つのでしょう。それは、目に見えぬ、形もない栄養が残るからです。これと同様に、人の運命にも栄養が必要です。これを『徳』といいます。だから、徳を含んだものを体に心に取り入れることが大切です。その第一が、人間の故郷ぢばへ帰り、元の話である別席のお話を聞かせていただくことです」

（平成21年8月23日号）

うまく相談に乗れない

私は、他人の相談に上手に乗ることができません。友人が相談に来ても、うまく優しい言葉をかけられず、ただありきたりのことしか言えないのです。「本当に私のことを考えているの？」と言われたこともあります。先日ようぼくになり、もっと人だすけがしたいと思っているのに、このままでは、たすけるどころか、逆に不幸にしてしまいそうです。どうすればうまく相談に乗れるのでしょうか。

（40歳・主婦）

答

　この相談を受けたとき、素直に素晴らしいなと思いました。悩みといえば、ほとんどが自らの身上・事情が主であるなかで、人をたすけるために悩む。こんなところから、ようぼくとしての道を出発されるあなたは、将来、必ず素晴らしいおたすけ人へと成長されるに違いないと思います。

　ただ、初めから資格のある人間はあまりいないのです。

　夫婦でもそうですよね。希望を持って結婚をし、将来を夢見て歩むのですが、二人でつまずき、悩み、そして助け合うなかで、長い時間をかけて、だんだんと夫婦の資格みたいなものが出来上がります。

　お手紙では、「篠田先生のようになりたい」と、私を引き合いに出していただいて光栄です。しかし、そういった働きは親神様の手によるもので、人が人をたすけることはできません。私の場合、相談を受けたときは第一に、親神様に相手の方へのたすけの綱の出し方を祈るのです。なんとか相手の心に通じ、勇んでいただけるようにと、理立てというお供えをすることもあります。

耳に聞かせるには、心地よい言葉や、的確な諭しが必要ですが、相手の心に響かなければ意味がありません。それには、常に真実と低い心で相手を思いやるように心掛けましょう。

御供《ごく》を頂いてから、お話を取り次ぐというのも大事なことです。

また、実際に相談に乗るときは、問題点を正面からばかり見るのではなく、いろいろな角度から探ってみると、相手が何を求めているかが見えるときがあります。

あとは、こちらの信仰を深めて、自信を持つことです。相手の心に飛び込む勇気も必要だと思います。
大切なのは、人間は取り次ぐだけということ。神の働きが人を変えてくださると信じる心を持ち続けられるかどうかです。

（平成18年10月1日号）

同僚におさづけを取り次ぎたい

親里の高校を卒業後、地元の会社に就職しました。会社で仲のいい同僚が交通事故に遭《あ》い、命に別条はないものの、長期入院することに。彼におさづけを取り次ぎたいと考えているのですが、天理教を信仰していることは勤務先に話していないし、それを知った同僚の反応が怖くて、取り次ぎをためらってしまいます。早く回復してほしいのですが、なかなか踏んぎりがつきません。

（24歳・男性）

答

単独布教初期の道中での出来事でした。病院の大部屋で、初めて未信仰の方におさづけを取り次がせていただきました。

個人の家では何度か経験はあったものの、何人かの患者さんが見守るなかで取り次がせていただくのは初めてで、動揺してしまいました。それに、途中で医者や看護師が入ってきたらどう思われるだろうかなどと、まことに情けない布教師でした。

それでも、あなたと同じように、なんとかたすかってもらいたいという思いでいっぱいでした。

とはいえ、当時はまだ、自分が取り次ぐんだという意識が強かったようです。教祖から拝戴《はいたい》したおさづけの理なのだ、私ではなく教祖がお働きに出てくださるのだ、と思うと、勇気が湧《わ》いてきたことを覚えています。

そのとき、

たん〳〵とこのみちすじのよふたいハ
みなハが事とをもてしやんせ
（十号　104）

という「おふでさき」が頭をよぎったのです。

わが兄弟だったら、わが子だったら、必死にならざるを得ません。なんとかたすかっていただきたいという思いで胸がいっぱいになり、親神様・教祖に祈り、「よろしくお願いします」と必死に取り次がせていただくものです。

以前、あなたが病気のとき、友達が必死におさづけを取り次いでくれたことに感動したように、取り次ぐ側の真実が一番大切なのでしょう。

「遠慮はほこり」とは、教内でよく聞く言葉ですが、神様の御用をするのに遠慮していては、ほこりを積むだけだと思います。

恥ずかしいというのは、自分がそう思っているからです。真実の心は、必ず相手に受け取っていただけます。

（平成20年8月24日号）

理想とは異なる定年後の生活

昨年、定年退職し、念願だった修養科を志願しました。修了後、家族とにをいがけに歩こうと思ったのですが、妻や息子との間に〝心の距離〟があることに気づきました。「リーフレット配りをしよう」と妻に声をかけても断られ、仕事が休みの息子を誘っても「休日くらいは自由にさせて」と言われました。何度もしつこく誘ううちに、家族から嫌がられるようになり、会話も次第に少なくなっています。最近では、修養科で得た勇み心も薄れている気がします。

（60代・男性）

答

おぢばは、人間を創《はじ》め出してくださった場所で、本当に不思議なお働きを見せてくださるところです。私たちようぼくは、人間が陽気ぐらしをするのを見て共に楽しみたいとの親神様の思召《おぼしめし》を胸に治め、それを心の糧《かて》として各地で生活するのです。

しかしながら、歳月が経《た》つうちに、その心に「八つのほこり」が溜《た》まって、さまざまなことを見せられるようになります。それでも、元初《もとはじ》まりのぢばに帰らせていただくと、それぞれの心が生き生きと蘇《よみがえ》るのです。

せっかく、おぢばで心の修養をされたのに、地元へ戻ってから自分の心を見失ってしまっては、実にもったいないことです。かつてのあなたの心に戻りつつあるのではないでしょうか。

おぢばで感激した修養科の日々こそが、人間本来の最もふさわしい生き方なのだと思います。その本来のあるべき生き方をお伝えしようと、そして周囲の方々と陽気ぐらしの道を歩めるようにと、教えを説いて回り、共に連れ立って通ることが布教なのです。

他人ににをいを掛けて話を取り次ぐときは、自分のすべてを捨ててしまおうという気持ちでないと、神様にお働きいただけず、うまくいかないものです。なんとかその方の心に合わそうと、相手の心を汲《く》み取ろうと、必死に努力するものです。

そして、相手が少しずつ心を開いてくださったときに、次の段階へと進み、話を取り次ぎ、別席に、修養科にと事を運んでいくのです。

あなたの場合は、勝手知ったる家族という思いが先に立っていませんか？私は、他人よりも家族へにをいがけをするほうが難しいと思います。

大切なことは、話を聞いてもらえるよう、神様にお働きいただく理をつくることです。まずは、所属教会の会長さんの心をしっかり汲み取れるように努力されたら、道が開けると思いますよ。

（平成28年3月13日号）

社長に信仰を理解してもらいたい

現在、大学時代の友人が経営する会社に勤めています。昨年初め、父がにをいがけに歩くことを心定めしたのを機に、私も短い時間ですが、家族で神名流しやリーフレット配りをするようになりました。ある日、神名流しをしていると、社長である友人にばったりと出会い、彼は怪訝《けげん》な顔で立ち去りました。後日「布教活動は会社のイメージに関わる」と言われ、ショックを受けました。私の信仰活動を理解してもらうことはできないのでしょうか。

（28歳・男性）

答

単独布教の初期のころ、お祀《まつ》りしている神実様《かんざねさま》へ、月に一度は必ずお供え物をさせていただくことを思い描いていましたが、お供え物を買うお金がありませんでした。それでも「神の思いに沿えば必ず実現する」との思いで布教に歩いたものです。

ある日、交通事故に遭《あ》ったという魚屋の主人に、にをいが掛かりました。そして、毎月お魚を神様に供えることを心定めしてくださったのです。

ところが、心定めから二カ月目。ちょうど店が混み合っていたときに伺ったせいか、魚屋の主人が怪訝な顔をされました。きっと「忙しいときに来なくてもいいではないか。お客さんに、なぜ天理教が来ているのかと変に思われてしまう」と思われたのでしょう。

その目を見たとき、思わず逃げ出したくなってしまいましたが、「ここで逃げたら親神様・教祖に申し訳ない。心定めをされた魚屋の主人に、この先、教えを伝えることができなくなる」と、もう一人の私がささやきました。

お客さんの視線を感じながらじっと待っていると、主人は一匹の小さな魚をお供えしてくださいました。そのとき私は、魚をお供えしてくださるか否かではなく、「おまえに真実の心があるのか。この人を導く力があるのか」と、神様に試されたような気がしました。

あなたは道の青年として素晴らしい方だと思います。しかし、言われてやっているだけでは、なかなか前へ進めません。「どうしてもお道の教えを知っていただきたい」という信念を持って、信仰心を貫くことで、芽が吹くのだと思います。

この道中は、思い通りにいかず、何かの壁にぶつかることもあるでしょうが、それは神様がようぼくとして成人するために与えてくださっている試練です。しっかりと伏せ込み、一歩ずつ成人の道を歩むあなたの姿に、社長である友人も、やがて理解してくれるはずです。

ふかいこゝろがあるなれバ
たれもとめるでないほどに
（七下り目二ッ）

このおうたを、いま一度噛《か》みしめて布教活動に頑張ってください。

（平成21年3月8日号）

教理の知識乏しく、おたすけに戸惑い

昨年秋、「全教一斉にをいがけデー」に初めて参加した際、一人暮らしの七十代の女性に、にをいが掛かりました。その後、初席を運んでくださり、うれしさを噛《か》みしめていた矢先、女性が肺炎を起こして入院されたのです。現在、おさづけの取り次ぎに通っているのですが、教理の知識が乏しく、なかなかうまくお道の話を取り次ぐことができません。このままでは、彼女の身上をご守護いただけなくなるのではないか、彼女の心がお道から離れてしまうのではないかと不安です。

（30代男性・会社員）

その女性ににをいが掛かり、別席まで運んでくださるようになったことは、とても素晴らしいことだと思います。

答

この問題は、相手の女性にたすかっていただくのはもちろんのこと、あなたがこれから、ようぼくとして成人の道を歩まれるための神様からの贈り物であり、いわば真のようぼくへの〝進級試験〟のようなものではないかという気がします。

この機会に、どのような心づかいで通ればいいのか、また、自分以外の誰《だれ》かをたすけたいと思い悩むことで、親神様の意図するところ、信仰の神髄とは何かを心に治めるためのチャンスだと受けとめましょう。

さて、にをいがけによって別席者をご守護いただき、ようぼくとしての第一歩を踏み出したわけですが、そのときのあなたの心中はいかがだったでしょうか。

私ごとで恐縮ですが、夫婦で布教に出て、初めてにをいが掛かったとき、「こんな私たち夫婦に信者さんをお与えいただいても、いったい、どう導いたらいいのやら……」と悩みました。

そこで、私たちは「親神様がますます好きになってくださるようなようぼくとして歩ませていただきますから、どうか私たちの通り方をお受け取りくださって、信者さんをお仕込み、お連れ通りください」と心から祈ったものです。

人が直接、人をたすけることはできません。親神様に力を貸していただくことを願って心を定め、形に表してきたからこそ、私たち夫婦も今日までお連れ通りいただいたのかなと思っています。

「おかきさげ」に、「人を救《たす》ける心は真の誠一つの理」とお聞かせいただきます。

お道の布教は、世の中で最高の仕事であると思います。相手に何を話せばよいのかと悩むよりも、共に陽気ぐらしを目指して歩んでいただくために、相手に信仰の熱をうつしていく必要があります。

いずれにしても、燃えていない者が人の心を燃やすのは不可能です。人のために自らが心づくりに励むなかで、気づけば、自らが信仰の熱に溢《あふ》れた人になっていることを願ってやみません。

（平成22年6月27日号）

経験のない悩みに寄り添うには…

ようぼくになって初めての年祭活動とあって、私の周囲に身上・事情に悩み苦しんでいる人がいないかと、自分なりに心を配るようになりました。高校時代の先輩が、夫婦の不仲から別居・離婚を考えていることが分かったのは、つい最近のことです。夫婦が心を合わせて通る大切さをお教えいただくお道の信仰者としては、なんとか夫婦関係を修復してほしいと思っています。しかし、未婚の私は、どのようにおたすけをしたらいいか分からず困っています。

（20代・男性）

答

冒頭から失礼な質問を申すようですが、あなたはこれまで、医者からがんを告知されるなど、治療が難しい病気を患ったことはありますか？　他人の借金の保証人となったことが元で、家族全員が失意のどん底に落ちたことは？　おそらく、いずれも経験していないと思います。お道では、こうした方々の救済について、前者は「身上たすけ」、後者は「事情たすけ」と呼んでいます。いずれにしても、おたすけ先をお与えいただいたときに、経験がないからといって手をこまぬいているようでは、人だすけに向かう活力は湧《わ》いてきません。

身上・事情をご守護いただくためには、親神様・教祖にお働きいただかなければなりません。また、人は親神様の思召《おぼしめし》と異なる考え方や行いをしたときに、心に不安や苛立《いらだ》ちが起こるものです。このことをまず、あなたの心にしっかりと治めてください。

教祖は、親神様の思召を噛《か》んで含めるように人々に説き明かしてくださいました。教祖の魂は、人間創造の際、母体となられたいんねんある魂です。いま、教祖の道具衆としてあなたができることは、まず先輩の胸の内に詰まったイライラを聴き取り、心を楽にしてあげて、余裕のできた心に、それこそ噛んで含めるように教えを取り次がせてもらうことです。

子供のころ、悪いことをして父親から理路整然とした言葉で叱《しか》られたとき、母親が間に入って、なんとか取りなしてくれたでしょう。いまはまだ難しいと思いますが、ゆくゆくは先輩夫妻の間に入って、話を聴かせてもらえるようになるといいですね。

そして、たすけていただきたい人の名前、心定めなどを紙に書いて、親神様にお供えさせていただきましょう。教会に参拝し、会長さんにお願いをして、月次祭でたすかりを願うのです。人間をたすけたいという親神様の思召に応え、さらには社会や世界中の人々にたすかっていただきたいという心で、おつとめを勤めるのです。

具体的にたすけたい人を思い浮かべて、一心に祈りましょう。そこから始めてみてください。先輩のところへ行こうという勇み心が湧いてくるでしょう。

（平成26年7月6日号）

通い先で教理を切り出せない

教会で青年づとめをしながら、にをいがけに歩いています。三カ月ほど前から、ある年配の女性のお宅へ月に数回通い、世間話をしたり簡単な家事の手伝いをしたりしています。これまでの通い先では、お道の話を切り出した途端、住人の態度が急変し、「もう来ないでほしい」と言われてしまうことがありました。そうした経験から、お道の話を切り出すことで、少しずつ築いてきた信頼関係に影響が出てしまうのではと思うと、なかなかその女性に教理を伝えることができません。

（30代・男性）

答

青年づとめをしながら、そのなかに時間をつくり、にをいがけに出かけるあなたに、まず敬意を払います。

そのうえで申しますが、あなたの相談文からは、なんだか〝焦り〟が感じられ、根本的なことが空回りしているように思うのです。

知らない家々を回りながら、何らかのきっかけをつくって話し相手になり、たまには家事を手伝ってくれる——。相手にとっては、こんな好青年は今どきいないと思っていることでしょう。

もとより、この教えの真の素晴らしさをまだ知らない世間の人々にとって、神様の話を切り出されたとき「何か変な宗教に関わってしまっては大変だ」と心を引いてしまうのは当然、起こり得ることなのです。

あなたは、そんな状態にあるいまの自分を、もっと楽しんで通ってはいかがですか。

話し相手が見つかっては信頼関係が壊れ、また、にをいを掛けても駄目になる。そして、なんでだろうとあれこれ考える。

いくら上手に話しても、一歩先の神様の話までは踏み込めない。ひのきしんのつもりでやらせてもらったことも、相手には「便利屋」としか映っていない。

人をたすけさせていただくために経験した、心がつらくなるような出来事の連続を、親神様にお受け取りいただけるときが来たら、あなたに付いてくる人もできてくるでしょう。

いまは、そんな〝資格試験〟に合格するための大切な時期と自らに言い聞かせ、喜んで楽しみながら、心の中で葛藤《かっとう》していくのです。

大切なのは、にをいがけは信者をつくるための行いではないということ。親神様の思召《おぼしめし》を少しでも知らしめたいとの思いで、そして、親神様が道を付けてくださるということを心に銘じておいてください。

あなたは、神に信用がつくまで伏せ込んでいくのです。そんな伏せ込む自分を楽しんでください。

形のうえでは、いまのままで進んでください。心は焦らず、教祖の御用を果たす先達なのだと自信を持って、親神様のお供をしていく。「自分」が先に出ないことです。

（平成24年9月9日号）

相手の心に響く話がしたい

布教所長の父から、にをいがけを促されたことをきっかけに、戸別訪問に歩くようになりました。それまで大きな身上や事情をたすけられた経験がなく、にをいがけに出ても、実体験を話せないことから一歩踏み出せずにいました。そんな私を見かねたのか、父が「身上・事情のたすかりは、小恩のご守護。もっと大きなご恩は、親神様に生かされていることそのもの。その大恩に報いるためにも、勇気を出してみないか」と背中を押してくれたのです。最近、少しずつ話を聞いてくれる人が出てきているのですが、相手の心に響くような話を取り次げずに悩んでいます。

（20代・男性）

答

まず便りを拝見して感心しました。「にをいがけに歩くように」と言われたあなたのお父さまも素晴らしいのですが、それを受けて素直に行動に移すあなたもすごい。若いころ、重い腰を上げてにをいがけに出ていた私自身を、恥ずかしく思いました。

私は、父から十年間の仕込みを受けたのち、結婚後、家族で布教に歩きました。何を話せばいいのか、どうすればいいのか分からぬままに歩き続けた毎日でした。後がない。ただ前へ出るしかない。その気持ちに駆られるなかで「僕は妻と子供三人の一家の主《あるじ》なんだ」という強い自覚が芽生えていったように思います。

教理の素晴らしさを懇々と説くことで、世間の人々が付いてきてくれるのなら、頭が良くて話の上手な人には敵《かな》いません。もちろん、それも教えを伝えるうえで大切なことの一つかもしれませんが、決してそれだけでは布教師はつとまりません。

にをいがけに歩くなかで、人に断られて、つまずく。自分に何が足りないのか、何のための布教なのか、何を摑《つか》んだらいいのか……。妻と共に常に自問自答を繰り返しながら、気がつけば十年、実に充実した経験だったと自負しています。

布教を始める前、いまは亡き松井石根《いわね》・明城大教会長（当時）から激励の便りが届きました。そこに綴《つづ》られた「与えは最低を、仕事は最高を」は、私の座右の銘となっています。身に着ける衣類、食べ物などの与えは最低限のものに留《とど》め、ようぼくとしての最高の仕事である人だすけに邁進《まいしん》しようと誓いました。

布教生活五年目。にをいがけの帰り道、暗い夜道を歩きながら「僕は人だすけをするために造られた親神様の子供なんだ！」と、幾度となく心の中で叫んだ。そのことを教えていただく道が、私にとっては布教だったのです。

自己中心的な心づかいばかりしていた自分が、人さまのたすかりを願うまでに成人させていただけたのは、布教の道中があったからです。

この道は天然自然の道といい、人間の学問や知恵の力でできた道ではありません。相手に話を取り次ぐ際に、決まりきった文句などはないのです。布教は、自らが人として成長できる最短の道だと考えています。それが、あなたへのメッセージです。

（平成26年8月24日号）

青年づとめ中に気になる女性が…

いま自教会に青年として住み込んでいます。最近、上級教会に気になる女性がいます。鼓笛隊のスタッフを務め、女子青年活動などにも熱心な彼女の姿に惹《ひ》かれているのです。教祖年祭へ向かう三年千日の初年を迎え、お道の御用に専念すべき大切な時旬であることは分かっているのですが、彼女のことが頭から離れず、どうすればいいか分かりません。

（30代・男性）

答

君はいま、人生を歩むなかで、とても大切な経験のさなかにあるわけで、なんとも素晴らしいことだと思います。

教祖の年祭を三年後に控えて、道の御用に専念すべき立場から、なんとかそれに向かって進んでいこうと努力を重ねている自分がある一方で、御用を通して知り合うことのできた彼女に対する恋心に、苦しいほどに心をかき乱されている自分がある。その両者が渦となり、心の中でぶつかり合って、君を悩ませているのでしょう。

冒頭に書いたように、それがなぜ素晴らしいのかというと、私は、人の心を大きく育てるうえで一番大切なのは、悩むことだと思っているからです。

小さな悩みから大きな悩みまで、人生を通るうえで避けては通れないことですが、人はそのたびごとに大きくなっていくのです。

まずは感謝することです。信仰していくなかで、だんだんと教えの素晴らしさを知り、いまひたむきにお道を通っている自分自身に対して。そして、その君の心をかき乱すほどになっている彼女の存在に対して。

いままでの人生で、いろいろな人と出会い、いろいろな出来事を経験してきたことでしょう。そのなかに、これほど君の心に大きな喜びを、そして苦しく切ないほどの、その人のためならどんなことでもやれるというような心を、与えてくれたものがあったでしょうか。

生きる喜びを与えてくれ、いまや君の中に大きなエネルギーや燃える心を引き出してくれている彼女の存在。しかし、いまは教祖年祭へ向かう大切な旬。その燃える心を、年祭活動に向けていくためにも、決断すべき時でしょう。思いきって「軽くお茶でも」と誘ってごらんなさい。

男だったら「当たって砕けろ」くらいの心でぶつかりなさい。結果が良ければもちろんのこと、期待に反したときでも、その後の君の心は不思議なくらいすっきりと、前向きに切り替えられると思いますよ。

（平成25年2月10日号）

おたすけ先の男性から好意を…

半年ほど前、元職場の先輩である四十代の男性と久しぶりに再会し、互いの近況を話しました。そのとき、男性から職場の人間関係に悩んでいると打ち明けられたのです。以来、メールで相談に乗ったり、時間を見つけて男性と会って悩みを聞いたりしています。そうするうちに、最近、男性から食事やデートに誘われるようになりました。私としては、おたすけのつもりで接しているのですが、男性から思いを寄せられているようです。今後、どのように男性と関わっていけばいいでしょうか。

（20代・女性）

答

大地の働きを持っている女性は、そこに存在するすべての物を育《はぐく》もうとする本質があります。

どんな作物の種を蒔《ま》かれても成長させることができる大地のように、「なんとか力になれるのでは」と、好き嫌いに関係なく相手を優しく包み込むことができるのが、女性の徳分だと思います。

だからといって、すぐに恋や愛に結びつくほど単純ではありません。人間の受精の際の精子（男性）と卵子（女性）に例えて考えてみましょう。

女性の体内へ進入した何億という精子は、卵子に向かって一途《いちず》に突き進むものです。体内では、白血球や抗体などから異物と見なされ、多くの精子が淘汰《とうた》されます。それでも、なんとか卵子にたどりついた精子を、卵子は迎え入れるようです。

あなたの場合、相手に対して恋や愛が芽生えているのなら問題ありませんが、純粋におたすけの心だけなら、一貫して教祖のひながたや教理を説き続けるべきです。

人間関係や仕事の悩みを、四十代の男性が二十代のあなたに相談するほうがおかしい。まずは彼の心の置きどころについて、一緒に考えてみてはどうでしょうか。

仕事や作業などの形の問題は、ずっと経験豊富な彼の通り方に任せたらいいのです。一方、心のあり方を見つめ直すために、教えに基づく話を伝えることで、彼の心のしわを伸ばしてあげることはできると思います。

人はにをいがけ・おたすけを通して、人が人をたすけることの難しさを知ります。たすかっていただくための一番確実な方法は、親神様・教祖のお働きを頂き、彼の心に光を当てていただくことです。

おぢばへ参拝し、別席を運んでもらいましょう。彼だったら、あなたの伝える教理とぢばの理によって、心に感動が生まれるかもしれません。

そんな彼に、あなたも恋心を抱くようになったのなら、それはそれで結構なことではないでしょうか。決して彼の恋心を利用して、道に誘い入れることのないように。あなただったらできます。

（平成27年9月13日号）

にをいが掛からず勇めない

布教所長子弟である夫との結婚を機に、所属教会の会長さんに単独布教のお声をかけていただき、三年前から夫婦で布教に励んでいます。当初は「一年で十人をおぢばへ」と張りきっていましたが、なかなかにをいが掛かりません。いまだに一人もお連れすることができず、勇めない日々が続いています。夫はすっかり自信をなくし、「働いておつくしをしたほうがいいのでは……」と言うようになりました。このままの状態で布教活動を続けることに私自身も悩んでいます。

（30代・女性）

答

まず、うれしく思ったことがあります。それは、ご夫婦ともにお道が大好きであることです。そして「布教に出たい」と、自分たちから決めてかかったのではなく、あなたたちが〝理の親〟と慕う会長の声を素直に受けとめたということです。

理とは、神様の働きの道筋をいいます。その理を受けるということは、神様の働きを十分に頂く道筋がつくということだと思います。

実は、この後が大変なのです。もちろん、布教という形を通るのは人間ですから、つい自分という存在が前へ出てしまい、神様が十分に働けない状態になっていないかということに注意しなければなりません。

「一年で十人をおぢばへ」という意気込みは大切です。

そこで、明治二十五年六月四日と二十六年七月十二日の「おさしづ」を拝読していただきたい。自分がにをいを掛けることはもちろん大切ですが、「神が待っているから、にをいが掛かる。神が働くから、どんな人にも掛かる」という意味のお言葉が書かれています。

何ごともそうですが、この世の成り立ちはすべて神様のお働きによるものです。ところが、つい人間が前へ出過ぎると、「おまえの力でできるのなら……」と神様の働きが引いてしまうような気がします。

神様に働いていただくために、本当に自分を捨ててぶつかっているだろうか？　いま何人かの別席者やようぼくをお与えいただいたなら、うぬぼれてしまわないだろうか？

神様は一時的ではなく、あなたたちのこれからのことを見定め、底力をつけてやろうと、いまの状態を与えてくださっているのではないでしょうか。

私も単独布教中、子供たちに何も買えない時代があり、働いたほうがよいのではないかと苦しみました。そのとき、火の守護の働きをもつ家内にたすけられました。

すぐに蒸発しそうなくらいに少ない水の働きしかできなかった私に、火加減をうまく調節して、信仰心を燃やせるようにしてくれました。家内のおかげだと実感しています。

いまこそ、落ち込んで水の少ない状態にあるご主人を、いかに火加減をうまく調節して励ましていくか、あなたの心づかいの見せどころです。

（平成21年4月19日号）

未信仰の親子にどう心をつなげば…

数年前から、近所の子供たちを集めて、定期的に自宅で〝おとまり会〟を開いています。そんななか、先日ある男の子の父親から「息子に宗教的なことを教えないでほしい」と釘《くぎ》を刺され、心を落とす日々が続いています。どうやら、おとまり会でおつとめを教えていることを知ったらしいのです。その男の子は、以前から家庭内に複雑な問題を抱えていると聞いていて、心にかけていた一人でした。なんとか親子ともどもたすかってもらいたいと願うものの、うまく事が運びません。今後、どのようにお道の教えを伝えていけばいいでしょうか。

（30代男性・布教所長）

答

この道を通っていくうえで、教えを説く側（教会長や布教師）が心していかねばならないことは、私自身も含めたくさんあります。その一つが「二つ一つが天の理」という教えです。

私とあなた。話し手・聴き手で会話が、売り手・買い手で商売が成り立つように、互いに相手を補い合うからこそ、物事はうまく運んでいくのです。

では、布教についてはどうでしょうか。お道のことをよく分かっていると思っている人ほど、滔々《とうとう》と教えを語ってしまいがちです。しかし、初めて教えを聞く相手は、お道の言葉を分かるわけもなく、まして神様の話や信仰については、よほど噛《か》み砕いて説明しなくては、教えを理解するところまではいきません。

もちろん、教祖の教えをそのままぶつけることで、神様がお働きくださり、相手の心に感動を呼び起こすこともあります。こちらが人だすけのうえに燃えに燃えており、余計な説明を捨てて、教えをストレートにぶつけることで、相手の心に伝わることがあると思うのです。

けれども、今回のケースでは、先ほど申した「二つ一つ」の教えを胸に、相手を知ることが大切だと思います。

未信仰の方が、説明を受けずして教えを理解できないのは当たり前ですし、おつとめなどが初めは奇異なものに映ってしまうのは仕方のないことかもしれません。

ですが、そんなことくらいで悩んでいては、布教はできません。きれいごとだけでは前へ進んでいけないこともあるのです。相手の方の気持ちを考えてあげるゆとりも必要ですよ。

私が布教に歩いていたころ、未信仰だった方を教会の夕づとめにお連れしたことがありました。太鼓などの鳴物でドンチャンするのを見て、その方は「大変な所へ来てしまった」と思ったそうです。だんだんと慣れて、理解を得られるまでには、半年以上の歳月が必要でした。

人をたすけるという最高の御用をさせていただく私たちは、まず相手の心になって考えていくことが必要です。そして、教祖のお言葉通り、山坂や茨《いばら》の道、そして火の中も淵《ふち》の中も、勇気をもって通っていけば、必ず道は開けてくることでしょう。

（平成25年1月13日号）

老夫婦の教会参拝を息子が反対

戸別訪問先の老夫婦を何度か訪ねるうちに、家に上げてもらえるようになりました。二人の話を聞いていると、娘さんが身上で手術を受けるとのこと。教会へ参拝に行くように勧めたのですが、悪徳商法などを懸念する息子さん夫婦から反対されているらしく、理由をつけては断られます。息子さんの理解を得ようとするのですが、なかなか分かってくれません。一方、娘さんの術後は思わしくない様子。ぜひ夫婦で教会に参ってほしいと思っているのですが。

（46歳・男性）

答

私も十年間、家族とともに単独布教をさせていただきましたが、戸別訪問でにをいが掛かることの大変さもさることながら、話を聞いてくださるようになった方が教会へお参りしてくださり、ようぼくとして歩んでくださるようになるまでの道のりは大変なことと思います。

すべてにわたって言えることですが、結論から申しますと、自分（我）が出てしまうと、神が引っ込まれるということです。

身上・事情の解決もそうですが、にをいがけも親神様・教祖がなされることだ、そのお手伝いをさせていただくのだ、という思いを、常に心に置くことが大切です。

では、そのために自分は何をするべきか。第一に、親の思いを知る、胸に治めることです。いま、にをいがけをするまでになられたあなたへの、会長さんのそれまでの心配りや丹精がいかほどのものであったか、教祖が頑是《がんぜ》ないわれわれ子供たちを育《はぐく》まれたように、その思いを胸に、大きな心で立ち向かいましょう。

第二に、心のほこりを払うことです。にをいを掛ける、お話を取り次がせていただくという私たちの役目は、水道のホースのようなものです。濁りないきれいな水が、きれいなままで相手に伝わるには、ホースに汚れがあってはなりません。

私たちは必ずほこりの心を積んでいます。自分では気づかず、払いきれないので、おつとめが大切なのです。「あしき」とは「ちょっとのほこり」と教えられます。自分では払えないこのほこりを、神様をほうきとして「払ってください」と真剣に願い祈り、そのきれいになったホースを通して親神様・教祖に、相手の心の内に入り込んでいただくのです。神は必ず働いてくださいます。
やるだけのことをやったら、あとは親神様にお任せしましょう。そして、理（神の働き）を戴《いただ》くためにも、身上のときでなくとも、御供《ごく》を頂いてから事に当たることです。第一、第二のことを行い、近所に教会があるならお参りして、遠方ならば会長さんに電話をして出かけるのも大切です。

（平成19年7月22日号）

教会へ足を運んでもらうには…

戸別訪問中、一人暮らしの高齢男性ににをいが掛かりました。数年前に妻を亡くし、子供や孫と離れて暮らしているというその男性は、現在アパートで一人暮らしをしています。私は何度か男性宅へ通い、持病を抱える腰におさづけを取り次いでいるのですが、男性は以前から宗教に不信感を持っているとのこと。なかなか教会へ足を運んでくれません。今後どのようにおたすけを進めていけばよいでしょうか。

（50代・男性）

今回は、私の布教体験をご紹介して、回答とさせていただきたいと思います。

答

以前、胃の病から一年近く病院通いを続けていた男性に、にをいが掛かったことがあります。彼はこちらの話をよく聞いてくださり、おさづけも取り次がせてもらえるようになったのですが、こと別席の話になると、「話は聞いてみたいが、信仰する気はない」と断られる状況が続いていました。そのうち腸も悪いことが判明し、入院。手術後、気の短い彼は十分な療養を取ることなく、退院手続きを取ってしまいました。

私がアパートを訪ねると、不機嫌そうな顔で壁にもたれて座っている彼の姿がありました。話しかけようとすると、あたかも「帰れ」と言わんばかりの態度。取り付く島もない彼を前に、私はあることに気づき、トイレをお借りしました。そして、そこで心を落ち着かせ、静かに手を合わせました。

「親神様・教祖、申し訳ないことをしました。すべては神様のお働きであるにもかかわらず、いつの間にか私が〝たすける〟かのような気持ちになっていました。どうぞお力を貸してください――」。そう反省し再び部屋へ戻りました。

彼は、壁にもたれて相変わらずの表情。「もっと深くもたれてみてはどうですか？」と話しかけてみると、彼はその言葉通りに座り直しました。「では、起き上がってみて」との私の言葉に、彼は肩を左右によじらせながら力を入れるものの、どうにも起き上がることができません。「無理ですよ、こんなに深くもたれているんだから」。そう答える彼に、私は次のように伝えました。

「自分ですぐ起き上がれるのは、本当の意味で『もたれている』とは言えない。たとえば、誰《だれ》かが就職の世話をあなたに頼んだとする。でも、あちこちに同じように頼んでいることが分かれば、真剣に世話をする気にはならないでしょう。〝あなただけ〟と深くもたれられるからこそ、あなたも『なんとしてでも』と相手を抱える。神様も同じです」

深くうなずいた彼は、すぐに別席を運び、いまでは布教所の中心的役割を担ってくれています。

あのとき、私が彼の部屋で気づいたことは、「ああ話そう」「こう話そう」と思案していた自分は、親神様ではなく〝自分の頭〟にもたれていたのだということでした。神様にもたれることの大切さを忘れていたのです。あなたも、まずはどのように相手を教会に連れ出すかではなく、どうすれば親神様にお働きいただけるかをお考えになってみてはいかがでしょうか。

（平成26年1月19日号）

近所の母子家庭が気掛かり

この春、アパートの同じ階に若い母親と小学校低学年くらいの女の子の親子が引っ越してきました。母親は、早朝から深夜まで働きに出ているようで、疲れきっている様子。一方、女の子はいつも一人で寂しそうにしており、夕食は外で買ってきたもので済ませているようです。いまのままでは母娘とも心配なのですが、夫は「他人の家庭に下手に干渉するな」と言います。お道の者として、何かできることはないものでしょうか。

（54歳・女性）

答

信仰者として見るに見かねる心情、大変よく理解できます。何か手助けをしたいというお気持ちも、あまり他人のことに干渉しない風潮がある現在、大切なことと思います。

また半面、ご主人の言われる通り、自分たちの生活の中に他人が上がり込んでくることを拒む人も多いようです。

問題の母子家庭のことですが、お手紙を読む限り、母子とも何か、さめきっている感がなくもありません。本当はたすけを求めているのでしょうが、うわべだけのおせっかいのような同情はしてほしくないのだと思います。

そこで、相手の方の母親としてのプライドを傷つけずに、低くなりきってたすける心を持って、向かっていく勇気ができたら、訪ねてみてはいかがでしょうか。「余計なことをしないで」とか「同情心で人を見下すのか」とか、思いもかけぬ言葉のなかも、教祖のお心を胸に置いて接することができるなら、行くべきです。誠の心があれば、必ず通じるものです。

逆に、単にかわいそうだとか、同情からの行動なら、接する糸口さえ摑《つか》めないように思います。それなら、児童相談所などに連絡を取って、しかるべき対処を考えてもらったほうがいいでしょう。

もし、それでもお道の者として心が許さないのなら、理づくりをしてから取り掛かるのがいいと思います。大げさな言い方ですが、自分の生活も、心のゆとりも多少は捨てていいという思いで、理づくり（教会への日参、にをいがけに歩くなど）を心に定めて事に当たったなら、神様が必ず相手の心に働いてくださり、解決の糸口も摑めることと思います。

その際、できれば形のうえでの援助よりも、相手方の大変さを分かってあげられる会話がまず必要です。それとなく、「毎日、大変でしょう?」くらいのことから、心の扉を開いてもらう努力が第一だと思います。

(平成18年7月30日号)

友人の息子が犯罪を…

商店街で店を営む友人の息子が罪を犯し、実名が公表されました。商店街の人たちは皆、陰で「面汚し」とののしり、白い目を向けています。仕事ひと筋だった友人は家に引きこもってしまい、店も休業状態。何度も励ましに通っていますが、全く耳に届かないようで、友人やその家族を心配しています。

（45歳・男性）

答

大変な窮地に立たされている友人に対して、同情や励ましは、うつろにしか聞こえない状態だと思います。だからこそ「えっ、そんな！」と思わせるような話をしなければ、こちらを向いてくれないでしょう。

友人は藁《わら》にもすがりたい心境だと思います。しかし、藁のような頼りないものでは、本当に溺《おぼ》れてしまうでしょう。まずは、親神様という絶対的に頼りになるものがあることを、知らせてあげなければなりません。

さらに切り口として、今回の息子さんの不祥事には、実は節に込められた素晴らしい運命の出会いがあること。それを見つけることが、節から芽を出させるための、大変良いことであると伝えましょう。一方で、心を腐らせてしまえば節から折れてしまう危険があることも。

人類の親である親神様が、子供に困難を見せるとはどういうことなのかを悟ってもらうために、友人にも考えてもらわなければなりません。

この親神様の心を悟るヒントは、別席にあるので、なんとか運んでもらうようにお願いしてみてはどうでしょうか。もし息子さんも一緒に行けるなら、共に運んでもらいましょう。

友人には自らの心を晴らすためにも、人のために生きることの素晴らしさを見つける努力を促してください。その第一歩として、たとえば商店街の掃除を人目に付かない早朝に、三十分でも一時間でも行うこと。もし商店街の人に気づかれ、皮肉を言われたとしても、親として子供のため、また自らの心のために、続けることが大切です。

そのなかで心に自信が生まれます。きっと神様が良い方向へと働いてくださるのです。
そうなれば、友人はこの事件をきっかけに人生の大切なものを摑《つか》むことができるでしょう。後々、人生を振り返ったときに、いまの節があって良かったと必ず思っていただけるはずです。親がしっかり通れば、息子さんのことも心配いりません。

（平成18年9月3日号）

夢を断たれた後輩にどう寄り添えば…

同じ所属教会の三歳下の後輩が、半年前に交通事故に遭《あ》い、ひどく落ち込んでいます。高校生の彼は、小学校から大のサッカー好きで、毎日真剣に部活動に打ち込んでいました。手術後、医師から「後遺症が残るかもしれない。今後、サッカーを続けるのは難しい」と告げられたことが、よほどショックだったようです。最近、一人で歩けるようになったそうですが、こちらがいくら声をかけても、全く教会に顔を出してくれません。今後、どのように寄り添っていけばいいでしょうか。

（20代・男子学生）

時々、講演の依頼を受けることがあり、そのたびに心を込めてお話を取り次がせていただいています。

答

聞いてくださっている方の感じ方、受けとめ方はさまざまです。自分のことに照らし合わせ、深く受けとめてくださる方もいれば、さらりと聞き流される方もいると思います。

お話を取り次ぐ際は胸から胸へ。その大切さを心に治める毎日です。自分の話を聞いてくださる方々の育った環境、年齢、考え方などに合わせて、お話をさせていただきたいと思っています。

しかし、ともすると、話に熱が入るあまり、相手のことを、なんとかしようと思いがちです。

私たちは親神様と相手との橋渡しをするのであって、たすけてくださるのは親神様です。そのことを常に忘れずにいたいものです。

大変な身上や事情の場合、私の経験から言えば、神様のお話を理路整然と取り次がせていただいても、あまり素直に受け取ってくださらないのが実際のところでしょう。

そんなとき、自分だったらどうしてほしいのかを考えてみるといいでしょう。上から目線で話しかけられたら、反発したくなるでしょうし、頑《かたく》なになってしまうだけです。まずは、相手の心に飛び込むことが大切なのです。

「おふでさき」に、

たん／＼とこのみちすじのよふたいハ
みなハが事とをもてしやんせ
（十号　104）

とお教えいただいているように、人の心がすべて分かる術《すべ》はありませんが、自分だったらどんなにつらいかと考えてみることです。

そして、水のように低い心でぶつかっていけば、相手の心は必ず動きます。そのうえで、火のごとく情熱をもって話しかけましょう。内容は、そのとき心に浮かんだままの話でいいと思います。

その情熱を出させていただけるよう、あなた自身が教会へ足を運び、御用をつとめる心を定めることが大切なのではないでしょうか。


（平成23年6月26日号）

心の病で入院中の知人のご守護願う

心の病で十年間入院しているという、三十歳のお道の女性と知り合いになりました。自分も十年前に心の病で入院した経験があり、人ごとに思えません。ご守護を頂きたいと思うのですが、最近その方の状態がよくなく、「自分は退院できない。お願いづとめも電話もやめて」と言われてしまいました。私はその方のために何ができるのでしょうか。

（39歳・女性）

十年もの長い間、入院しながらも回復に向かわず、彼女はある意味では自暴自棄にまでなっているのかもしれません。何がそんな心境にさせてしまったのかを考えてみることが第一ではないでしょうか。

答

彼女の身の上を伺うと、両親の離婚、父の虐待、そして、彼女の安全を考えてのことでしょうが、母親が退院を拒絶するような言動をしたとのこと。彼女は、完全に親から見放されたと思い込み、寂しさやストレスに耐えかねる年月を重ね、心の病から立ち直れないのでしょう。そんな彼女の胸の内を、いったい誰《だれ》が分かってあげられるのですか。いまのあなたしかいないじゃないですか。

まずは、真から抱えてくださる人間の親がいること、そして、存命の教祖が彼女の苦しみを見て心を痛めておられることを、なんとか彼女に伝えてください。

第二に、あなた自身が人をたすけられるのでなく、親神様・教祖がたすけてくださるのだ、そのお手伝いしかできないのだ、という認識を、あらためて心に持ってください。

人にたすかっていただきたいという情熱と真実はとても大切です。しかし、うっかりすると、熱が入り過ぎて自分がたすけるような思いになってしまうときが怖いのです。

親神様のお供をしてにをいがけ、お供をしておたすけ、という精神だけは忘れずにいてください。

また、いまは教祖年祭に向かう三年千日の旬です。教祖のひながたの道をすべて通れとはおっしゃらない。三年間と思うから、いろいろ考えて心が緩みがちになりますが、三日間と思って通れとも教えてくださいます。これを通りきったら、難儀しようにもできぬ日があるとも。

これは、すごいチャンスではないですか。もしかしたら、あなたがチャンスを逃さぬように、彼女の事情を与えてくださったのかもしれません。

三年間、毎日何をして通るかという心定めは、所属の教会の会長さんと相談してください。

（平成15年3月30日号）

未信の親類へのおたすけ

脳梗塞《こうそく》を患った親類のおたすけで、近所に住むこの親類の家を度々訪れ、おさづけを取り次がせていただいています。まだ体力は完全には回復していませんが、いまでは歩くことも話すこともできるようになりました。しかし、その人は「また病状が悪くなるのでは」と、不安な日々を過ごしています。教会への参拝に誘っていますが、他宗教ということもあり、なかなかお参りはしていただけません。この人に、先案じをせずにたすかっていただくには、どのような通り方をすればいいでしょうか。

（53歳女性・ようぼく）

答

この道は人間思案を捨ててかかる道なのです。この辺のところは、お道を通る者なら誰《だれ》でも知っていることです。

ところが、われわれは人間ですから、どうしても人間思案が出て苦しむのです。しかし、ある意味では人間らしくていいなと、私は思うときがあるのです。

捨てるということは、実はとても難しいことだと思います。特にわれわれは何年間もの人間思案のなかから、摑《つか》むこと、入れることは上手になった一方、出すこと、捨てることは不得手で容易にできません。だから、捨てることに力を入れるよりも、摑むほうに力を入れてみてはどうでしょう。

人間思案や先案じを捨てるよりも、それは放っておいて、神様の力を自分に借り入れることに力を入れるのです。おさづけに行っている相手の方が、なかなか分かってくださらなくて、あなたも実はどうしたらいいか悩んでのお手紙でした。本当は、いまのこの時こそ、人たすけたい親神様の心を分からせていただく時なのです。

教祖が、世間の人たちにこの親神の思いを分かってもらうのに、どれほどのご苦労の道をお通りくだされたかは、よく承知されているところだと思います。ただひたすらに大きい親心で成人を促してくださったのです。

それを受けて道の先人たちは、教祖の思いまでにはならなくとも、ようぼくを育て上げるまでに、悩んだ日も苦しんだ日もあったのではないでしょうか。

あなたは、いまは立派なようぼくとして、会長さんの手足となられ、教えに感動し、御用に、またご恩報じにつとめられているようです。そして一人の人をたすけるために、なかなか分かってくださらぬ方を与えていただいた今こそ、自らを振り返ってみてはいかがでしょう。

　あなたがようぼくになられ、教祖の道具衆として育つまでに、その陰では、なんとか立派なようぼくになっていただくために、所属する教会の会長さんがどれほど苦しんだ日も、そしてどれほど祈った日もあったかということを、振り返ったことはありますか。会長さんの、そして教祖のご苦労が、いまのあなたになら分かるはずです。

　親の理があって、いまの私がある、と心に親をたたえ、その働きの力を入れていくのです。そうしたら、あなたを通じて理（神の働き）が表に出ることと信じています。


（平成10年7月19日号）

難聴の方にどう教えを伝えれば…

最近、七十代の難聴の女性と出会いました。その女性は先月、長年連れ添った夫を亡くし、とても気落ちしているとのこと。どうにかお道の話を取り次いで、気を楽にしてもらいたいのですが、難聴のため、いつものような調子で話しても、なかなかうまく伝わりません。少しずつ手話を勉強してはいるのですが、いまの私にできること、また、どういった心で通らせていただけばよいのかをご教示ください。

（30代・男性）

答

一から手話を学び始めてまで、相手の方をたすけたいという真実の積み重ねこそが、大切な鍵《かぎ》となるのです。また手話のほかに、筆談という手段もあるでしょう。

ただ、いずれの方法を使う場合も、相手に分かっていただけるように、うまく話を取り次ごうと思えば思うほど、空回りしてしまうかもしれません。失礼ですが、あなたや私の頭で理解できる、そんな小さな神様ではないのです。

いくら耳で聞いて、目で見て、頭で理解していただいたように見えたとしても、肝心な相手の心が揺れ動き、感動を覚え、神様のお心に向かうのでなければ、真のたすかりにはつながらないと思います。

なかなか人間の頭では理解できないような教理を、真実という台に乗せ、相手に伝えさせていただくなかに、親神様の実《じつ》、お働きが見えてくることを感じていただけるはずです。

そのあなたの真実を深く大きくしていくために、自らが人の話をよく聞き（教会へお参りするたびに、会長さんのお話をどんなことでも聞き分けていこうとする努力など）、また十全の守護をもってお働きくださることに感謝し、それをひのきしんという形に表す。さらに朝夕のおつとめを通して、相手のたすかりを祈って頭《こうべ》を垂れる――。

くどいようですが、相手に分かってもらいたいと思う心を捨て、親神様・教祖にお働きいただきたいという一すじ心が、もう一つの鍵であると思います。

「みかぐらうた」に、

なんでもこれからひとすぢに

かみにもたれてゆきまする
（三下り目七ッ）

との一節がありますが、「ひとすぢ」の手振りは、下から上へと一直線に指を持ち上げます。まるで、人間（下）から神（上）への真実の道を付けるがごとくにです。

おつとめの手振り一つをとっても、神にもたれる安心の道があることを教えられているように感じずにはおれません。

（平成23年11月13日号）

家族との縁を取り戻してほしい

数カ月前、布教中に六十代の女性と出会いました。聞けば、夫と長らく別居していて、子供とも絶縁状態が続いているとのこと。その状況から早く抜け出してもらいたい一心で、女性宅へ足しげく通い、お道の話を取り次がせていただくのですが、女性からは「相手が悪いのだから、私は反省する必要がない」との答えしか返ってきません。家族との縁を取り戻してもらうには、どのようにお諭しをすればいいのでしょうか。

（20代・男性）

答

私は〝生涯布教師〟という言葉が好きです。この精神を貫き通された多くの先輩、先生方に心から畏敬《いけい》の念を抱いています。

では、先生方は何を伝え、教えを知らない人々の心を動かしてこられたのでしょうか。

ただただ親神様の日々のお働きに心を打たれ、教祖の厚き親心とひながたに感銘し、自分自身のいんねんを自覚する。そして、人をたすける情熱を燃やし、教祖にお働きいただくまで自らの生活を律していく。素晴らしい先生方は、そうして信仰的な礎を築いておられたからこそ、相手の心に響く言葉を発せられたのだと思います。

私ごとですが、少々厳し過ぎると思われた十年間の青年づとめのなかで、あまりに訳が分からなくなり、あるとき、会長である父に「もう少し理解できるように、心が勇めるように教理を取り次いでいただきたい」と、半ば反発した態度で訴えたことがありました。

　すると、父は「おまえの頭で分かるようなちっぽけな神様じゃない。胸で分かるようになれ。そうなれば人に伝えることができる」と言ったのです。

　そんななか、単独布教に出た私は持参した一冊の本を読み、強く頭を打たれるような衝撃を受けました。

「いまの若い者は頭の中で教理を理解し、人に説こうとしている。私たちの時代は『八つのほこり』と『十全の守護』の説き分けだけを頼りに歩いたものだ」

といった内容が記されていたのです。

　私は、先人の先生が書かれたことを素直に実行しようと思いました。そうして「十全の守護」と「八つのほこり」の教えを日々心に治めるとともに、にをいがけ先で何度も説かせていただくなかで、不思議と人々が自分の周りに集まってくださるようになったのです。

しかし、だんだんと説く内容が形骸化《けいがいか》してくると、心は反比例して「こうまん」になるものです。

現在、「十全の守護」と「八つのほこり」の教えを身に付け、日々実践できるようにするための動きが、全教的に推進されています。あなたの思いや言葉ではなく、親神様・教祖の思いを伝えさせていただくところに、不思議な働きがあると信じます。

（平成23年10月16日号）

ホームレスへのおたすけ

数カ月前から、あるホームレスの人のおたすけに取り組んでいます。何度か街で見掛けて、何かせずにはおれない気持ちになりました。いまはお金や食べ物を差し上げたりしていますが、その人は宗教が嫌いで、話していても心を開いてくれないようです。友人は反対し、自分でも、ただたかられているだけなのではと、自信をなくすときもあります。自分は、どのようにおたすけにかからせていただくべきなのでしょうか。

（34歳・男性）

答

以前、水商売の女の子が、こんなことを言っていたのを思い出します。

「若いお客さんは一緒に楽しんでくれるけれど、年配の人は決まって質問してくることがあるの。『どうしてこんな商売をしているの？』って。放っておいてほしいわ」

お金のためという人もいれば、この仕事が好きだからという人もいるし、理由はいろいろあるようです。

人を自分の思い込みや見た目だけで判断して対処しようとすることは、過ちをつくることにもなりかねません。相手に対して失礼に当たることさえあるのではないでしょうか。

私も以前、にをいが掛かったホームレスの方に、修養科に入っていただいたことがあります。その後、かかわった人たちと相談して、教会に住み込んでいただこうと話を進めました。しかしその方は、すぐに元のホームレスの暮らしに戻られました。

理由は、何からも縛られずに悠々自適の生活をするほうが自分に合っているから、というものでした。

いかがですか。人をたすけたいという心はとても大切で、おたすけは最高の仕事ですが、本当に相手の心を汲《く》み取っているでしょうか。

相手が何を求め、どんな考えを持って暮らしているのか、目に見えない心を知ることも、大切な順序なのかもしれません。

あなたの場合、相手があなたに心を許していないということから見詰め直していかねばならないと思います。

相手の心の琴線にふれることができ、こちらが低い心になって飛び込んでいくことができれば、相手ももっと近づいてくれると思います。

形のうえでたすけようとか、同情のような気持ちでは、ちょっと無理なのでは。また、相手を自分の枠にはめ込もうとするようなおたすけも、相手に窮屈な思いをさせてしまうのではないでしょうか。

相手にもそれなりに考えがあるのでしょうし、ある意味、私たちより〝心の自由人〟であるのかもしれません。

ともあれ、いろんな人にぶつかり、思い通りにいかないことを味わい、学び、乗り越えていくと、こちらの心も多少は澄んできて、見えぬ人の心も次第に〝見える〟ようになるでしょう。

（平成15年8月17日号）

次々と事情を起こす青年

職場で知り合った後輩が同僚にけがをさせて退職しました。その後、別の会社も数カ月後に退職。理由を聞くと、気に入らない人とけんかをしたとのこと。私は彼に「皆、生活のため一生懸命、我慢して頑張っている。他人のせいにするな」と説き、またお道の話をして、教会にも二度連れていきました。その場では素直に聞いているのですが、何日か経《た》つと、すぐに元に戻ります。彼には私の身内の持つ空き家を安く提供しているのですが、家賃も滞納続きです。私はいま、重なる家族の病気で疲れきった毎日ですが、彼との縁は切りたくないし、なんとか立ち直ってもらいたいのですが……。

（53歳・ようぼく）

答

おそらく長年の間に身に付けた彼の処世術だとは思いますが、あなたがいくら言葉で説得しても、その場だけはうまく処理をして済ますという、彼の自己中心的な言動そのものは変わりますまい。

彼の持つそれらの性格（ある面でのずる賢さや利己的な考え）は、あなたの長い手紙にも記されているように、たぶん幼い時に母に去られた複雑な家庭環境で育っていくなか、自分を守るために長年かかって身に付けてしまったものでしょう。

あなたが、彼のある一面の良いところを感じ取って同調し、たすけたいとの思いを持たれたのは素晴らしいことです。そしていま、身内にもいろいろな問題を抱えておられ、押しつぶされそうなときであるだけに、あなたが人をたすけたいと心の向きを変えることは本当に大切なことなのです。

けれども、長いお便り全体から感じられたのは、今回の件は、あなたの持つ優しさと純粋さから始まったことだと思います。失礼ながら、いまのあなたの純な心と、彼の長年培われた強く固まった心とでは、大変な差があるようです。人間の考えでいくら彼を抱えようとしても、悪い面での彼の大きさを支えきれないものがあるのです。

そこで、彼の強固さに対し、たすけたいというあなたの思いを現実にするためには、あなたが自分の力を捨てて、親神様に働いていただくために、信仰面でもっと大きくなることです。具体的な通り方は、所属教会の会長さんと相談してみてください。

人間の知恵や力を超えた問題であっても、こちらが頼る〝もの〟を親神様の〝力〟に変えさせていただいたときには、その人々をも連れて通ってくださるのです。
親神様が、彼を通してあなたに、人だすけに働くことができるようなようぼくへと成人を促されているということが、あなたの身内のことを含めた一連の問題を解く鍵《かぎ》となっているようです。

（平成12年7月16日号）

ギャンブル依存の男性にどう向き合えば…

にをいがけに歩くなかで、借金に悩む男性と知り合いました。少しでもおたすけにつながればと、お道の話やお願いづとめなどをさせていただいたところ、男性は改心し、仕事を見つけ、借金も返済できました。ところが数カ月後、彼は再びギャンブルで借金をつくり、その後も何度か同じようなことを繰り返しています。度重なる事情に、どう向き合っていけばいいのでしょうか。

（20代・男性）

答

お金が絡むおたすけの場合は、本当に大変でしょう。

第一には、お手紙にあるような方々は、ほとんど金銭感覚が麻痺《まひ》してしまっていて、働かずにお金が手に入る方法を一度覚えてしまうと、それが慣れとなり、大胆な気持ちにさせられてしまうのだと思います。

初めのうちは「こんなことをしていては……」と思っていても、返す方法を分かっていながら、誘惑に負けて、ズルズルとなってしまうことが多いようです。

そもそもギャンブルをやる人は、パチンコにしろ競馬にしろ、はまり込んでいる最中の金銭のやりとりは、もうそれはお金ではなく、ただの紙のカードくらいにしか考えられなくなっているのです。

同様に、手元が無一文になれば、また紙切れ感覚で安易に借り、いつでも取り戻せるという大きな穴に落ち込んでいくものと思います。

精神的にも弱い人であれば、優しく諭しても無理かもしれません。強いて諭すならば、お金は使う人の心によって動くものであり、誰《だれ》でも大好きなものだけれども、果たしてお金が自分を好きかどうか――ということくらいでしょうか。

生きたお金を使う、きれいに使う。そして、人の体は親神様からのかりものであり、周りにあるすべてが、人が生きるために用意されているものであるということも教え、少しでもいいから、自らが身に着けるものへの感謝を込めて、お供えをさせていただくようにお伝えしてください。

問題解決には、心のありようが非常に大切になりますが、切羽詰まったときには、事の処理（形）から手助けをすることも大切かもしれません。

返済の詳しい方法や、場合によっては自己破産などについても、自己流でするのではなく、専門家のアドバイスが必要かとも思います。ただ、あなたは優しく接するだけでなく、時には強い言葉で接することも大切です。相手も心のどこかで、それを望んでいるかもしれませんから。

（平成24年3月18日号）

会社経営に悩む人をどう支えれば…

昨年の定年退職を機に、定期的に戸別訪問に歩くようになりました。日々勇んで通るなか、町工場を営む男性ににをいが掛かり、いまでは毎週お宅へ通い、お道の話を取り次げるまでになりました。その男性から「会社の経営が行き詰まっていて、工場を閉めようか悩んでいる」と相談を受けたのですが、経営に関する知識がない私としては、どう答えていいのか分かりません。こうした場合、どのように声をかけ、手助けさせていただけばいいのでしょうか。

（60代・男性）

布教に歩かれる道中は、いろいろな問題にぶつかることが多いと思います。

答

身上の方のおたすけに携わるとき、私は親神様の思いを、なんとか取り次がせていただきたいという心で応対します。では、事情のときはどうでしょうか。

まず感じたのは、あなたに経営の知識がなかったことが、かえって幸いしているということです。多少なりとも知識があったら、どうだったでしょう。知らずしらずのうちに、そうした知識や経験を優先させていたのではないでしょうか。

「身上事情は道の華」と聞かせていただきます。お手入れを頂いたときは、心のほこりを払い、親神様の思いを探らせていただくことが大切です。

しかしながら、特に事情のときは、つい頭で考えがちです。私たちは、お道の専門家を目指すのであって、各種の専門家ではありません。「生兵法《なまびょうほう》は大けがのもと」ともいいます。ただ一つ、なんとかたすかっていただきたいという思いがいっぱいになったときにだけ、相手の心に響く言葉を浮かばせていただけるのだと思います。

私も布教道中、同じような方に出会ったことがあります。そのとき、こんな話をさせていただきました。

三角形の一辺が「知恵と力」で、もう一辺は「努力」。その両辺をどんどん伸ばしていけば、高くはなりますが、どちらかを怠ると非常に不安定で危ない三角形になり、いつ倒れてもおかしくない状態になります。それは、会社経営でも同じこと。では、どうしたらいいのでしょうか。

その答えは「正三角形を目指す」というものです。左右の二辺が伸びるのに従い、上には伸びない底辺を同じように横に伸ばしていくのです。

「その底辺とは何ですか？」と尋ねられたので、私は、形には表れない「徳積みと信仰の世界」と返答しました。

その方は、二辺を支える底辺に力を尽くすようになり、いまでは大企業を経営しています。

根を張る努力、目には見えないものの大切さを知ることが大事なのだと思います。

（平成23年7月31日号）

精神疾患の方をおたすけしたい

先日、精神疾患の三十代の女性と出会いました。一児の母親であるその方は、服薬は続けてはいるものの、なかなか快方へ向かう兆しが見られないそうです。お子さんのためにも、なんとかたすかっていただきたいのですが、これまで心の病に苦しむ方をおたすけした経験がほとんどなく、途方に暮れています。いまの自分にできること、今後の通り方などをご教示願えないでしょうか。

（20代男性・会社員）

答

心の病を患う方ににをいが掛かったとき、布教師として気を配らねばならないことは、鮮やかなご守護を願うあまりに、医師の助言や薬の効用を度外視してしまうことだと思います。

それらは「修理・肥」として必要であることをよく認識したうえで、親神様の働きに委《ゆだ》ねることが大切なのですが、そのためには、おたすけにかかる側も共に泥まみれになるくらいの覚悟を持って、理づくりに励むことが肝要です。

ご本人に親やご主人がおられる場合でしたら、見て苦しむ人々も共に心づくりに励んでもらえばいいと思います。

いずれにしても、同情心や、なんとかしてあげたいという一方的な思いだけでは、目の前の症状に振り回されるばかりだと思います。

詳しく書かれていないのでよく分かりませんが、この方の病は生まれつきなのかどうか、発症した背景や時期、ご家族のことなどを心に治めたうえで、親神様のお心に適《かな》う通り方をよく悟らせていただきながら、身上を見せられたあなた方の通り方を定めていくべきではないかと思います。

それも分からぬときは、まず「自分がおたすけするのだ」という心を捨てることです。

人さまの手助けをしたいという心は素晴らしいと思いますが、あくまでも、ご守護くださるのは親神様です。親神様にもたれきり、その方のたすかりを願う心になれるかが何より大切です。

私たち信仰者は、ともすれば形のうえのことだけで信仰ができていると思ってしまうことがあります。親神様は、真実の心をもって神の実《じつ》を買いに来るように仰せられています。

たん／＼とこのみちすじのよふたいハ
みなハが事とをもてしやんせ
（十号　104）

とお教えいただくように、周囲に起こるどんなことも皆〝わが事〟と受けとめてかかることを心掛けたいものです。

このおたすけを通じて、あなたの中に誠の心ができたなら、必ず親神様のお働きを見せていただけるものと信じています。

（平成23年2月13日号）

あとがき

早いもので、『天理時報』の「人生相談」の欄を受け持たせていただくようになって、二十五年の歳月が過ぎゆきた。

初めは人の人生の大切な節目の相談を、わずか八百字で回答することなど恐れ多いとお断りしたが、道友社編集部の芝光男さん（当時）の、半ば強引とも言える説得に近い依頼に押しきられる形となった。

自教会での生活を離れ、家族と共に栃木市に家を借りて布教道中を歩んでいた。土地をお与えいただき、小さいながらも神殿ふしんを終え、布教所を開設した十年の歳月が心の支えとなって、お受けすることとなった。

相談文のなかには、「こんな相談、答えようがないじゃないか」と思えるものもあったが、相談者はそのことが心の重荷になっているのだろうと考え、信仰の話を説いたことも多くある。

　人はどんなに小さなことでも、目の前にそのことが迫っていては、ほかのことは見えなくなってしまう。

　解決へと導いてくれるのは、相談者の心一つにある。「身上事情は道の華」といわれるように、相談者にとって、実は素晴らしい人生を歩むためのきっかけを神様が与えてくださったのだと、悟ってもらうことが肝心だ。

　布教の道中で実感したことがある。それは、にをいの掛かった方々の話を聞くことから始まり、参拝されるようになり、教えが心に治まり、人ににをいがけをするようになるまでには、かなりの年月を要するということだ。

　それなのに、お会いしたこともない方に、しかも前述のごとく、限られた紙面で答えを出すことは無責任に近いとも思われた。

ゆえに、目の前の困難から少し目を離して、ほかの素晴らしさが自らの周りに必ずあると気づいてもらうことを旨として書き続けてきた。

あとは、自教会や支部活動を通じて心を育ててゆく努力をするなかに、必ず解決の糸口が見いだされるはずだ。

この道の教えにふれ、そして歩み出した初心を忘れることなく、これからも歩み続けたいものである。

出版に当たり、編集出版課の松本泰歳《やすとし》さん、佐伯元治《さいきもとはる》さんをはじめ、道友社の皆さまのご尽力に感謝しつつ、敢《あ》えて跋《ばっ》と為《な》す。

立教一八〇年三月

篠田欣吾

篠田欣吾（しのだ・きんご）
昭和15年、中国・北京生まれ。天理大学中国学科卒業。同55年、天理教龍《りゅう》分教会2代会長就任（平成25年まで）。現在、天理教神奈川教区長、明城大教会役員。
著書に『おやのまもり――十全のご守護の話』（善本社）、『こころのさんぽ道』（養徳社）がある。

たすかる道《みち》 たすけの道《みち》　篠田欣吾《しのだきんご》の人生相談《じんせいそうだん》

立教180年（2017年）5月1日　初版第1刷発行

著　者　篠　田　欣　吾

発行所　天理教道友社
〒632-8686　奈良県天理市三島町1番地1
電話　0743（62）5388
振替　00900-7-10367

印刷所　株式会社天理時報社
〒632-0083　奈良県天理市稲葉町80

ISBN978-4-8073-0609-1
定価はカバーに表示